仕事に悩む君へ

はたらく哲学

佐藤優

マガジンハウス

はじめに

佐藤優はかく考える

コロナ禍で世界の構造が大きく変化しています。

まず、グローバリゼーション（地球規模化）に歯止めがかかりました。

そして国家機能が強化されるようになりました。

これまでできるビジネスパーソンは、グローバリゼーションに備えて英語を身に付け、世界をまたにかけて働くことが求められていました。この傾向も変化してくると思います。

日本の国内市場が見直されるようになってきます。

コロナ禍で生じたもう一つの大きな変化は格差が拡大したことです。

この格差は四重の性格を帯びています。

第1が国家間の格差です。

経済的に豊かな国とそうでない国とでは、コロナ禍によって受けた打撃が異なります。

ワクチン接種にしても、国家間格差が顕著に現れています。世界的規模で見れば、経済力が弱いためにワクチンを購入できない国の方が多いのです。それと較べると日本の状況はかなりましです。

第2は一国内の地域間格差です。

人口が過密な都市部では感染リスクが高いです。ただし医療体制は整っています。過疎地では感染リスクは低いですが、医療体制が脆《ぜい》弱です。

第3は階級間格差です。

コロナ禍によって経済が打撃を受けていますが、その程度は分野によって異なります。

飲食産業、観光産業に与えた打撃は大きいです。また、非正規労働者も厳しい状況に直面しています。

雇い止めや、仕事を探しても見つからないという厳しい状態に置かれているのは、大多数が非正規労働者です。

第4がジェンダー間の格差です。

特に母子家庭や、パートナーを失って1人で生活している女性が厳しい状況に置かれています。

コロナ禍に直面して誰もが将来に対して強い不安を抱いています。

混迷の時代では、対症療法ではなく、根源的に物事を考えてみることが重要になります。

ここで念頭に置いているのは、はたらくこと（労働）の意味を根源的に考えるということです。

私は現代の主流派経済学ではほとんど取り上げることがなくなってしまったマルクスの労働価値説に立ち返る必要があると考えます。

「労働者は1日働くことによって、自分1人が1日の生活で必要とする商品やサービスを購入する以上の価値（富）を生産することができる」

というのがマルクスの労働価値説です。

われわれが普通に働いていれば、誰もが名誉と尊厳をもった生活をすることが可能なはずです。

それができていないのはこの社会のシステムに問題があるからです。

ここで重要なのは、社会は人間によって作られているという事実です。

一人ひとりの人間が変わらなくては、社会は変化しません。

人間が変わるために何か必要なのか。
それが「哲学」です。

この本は、過去のさまざまな機会に20代、30代の人たちから受けた相談を基にしています。そしてシマオという私の分身が質問者になるという体裁をとっています。

シマオが感じる不安は、多くの社会人が抱えている悩みでもあります。

本書がはたらくことの意味を見つめ、前向きに変わる一助になれば嬉しいです。

CONTENTS

第1章

豊かさの哲学
お金で幸せは買えるのか

第2章

人間関係の哲学

良好な職場環境とは何か

第3章

仕事の哲学

やりがいとは何か

第4章

負の感情の哲学
ネガティブ思考は変えられるのか？

第5章

孤独の哲学

一人は悲しいことか

プロローグ

「シマオ、まだあの会社にいたんだ。給料下がる前に転職しといた方がいいよ」

友人の言葉が胸に突き刺さる。

僕は猫野シマオ。

中小企業に勤める平凡な社会人だ。

大きくはないけれど、そこそこ安定した会社に入社したと思っていたのに、世界的に流行した新型ウイルスの影響で、業界全体は大打撃。

僕のボーナスももちろんカットだ。

ただでさえ高くない中小企業の給料が、これからもっと削られると思うと気持ちが暗くなる。

会社の将来性を心配した同僚は、どんどん次の会社へ移っていく。

僕も少しずつ転職活動を始めたが、履歴書に書いた自分の経歴、実績があまりにもパッとせず自信喪失もいいところだ。

最近頼まれる仕事といえば、誰にでもできるエクセルの表作成や、会議の時間調整と連絡。あとは、後輩がリーダーとなっているプロジェクトのフォロー役……。

履歴書に堂々と書ける実績もあったものじゃない。

入社7年。野心や上昇志向があったわけではないが、上司の言うことは聞いて、やるべき仕事はやってきた。

会社に迷惑をかけない働き方をしてきたつもりだ。

でも、急に不安になる時がある。

将来、心配なく暮らせるだけのお金は稼げるだろうか？
今の仕事をずっと続けていけるだろうか？
幸せな人生を送れるだろうか？

この「先が見えない不安」は、いつも、うっすらと僕にまとわりついてくる。

周りのみんなはうまくやっているのに、なんで僕の人生はパッとしないんだろう。

僕の人生、どこで乗り遅れたんだ？

それでは新郎、犬田さんのプロフィールをご紹介します。
OK大学を卒業後大手IT企業に就職し新規事業を推進
その経歴を買われ昨年、外資大手コンサルティング会社に転職し、現在マネージャーとしてご活躍されています
あれ？シマオじゃない？
ギクッ

おお、久しぶり！
犬田のやつ転職して年収が１千万オーバーらしいな
外資ってすごいな結婚もして順風満帆ってとこか
俺なんてこの前やっとマネージャーに昇格だぜ
んなこと言って大手商社は手当が厚いからいろいろ得してるだろ
俺のところは今年上場狙ってるんだよね
お！立ち上げメンバーはそこが熱いよな
え!?!
いや〜
いつからだろう昔の友達の会うのが辛くなってきたのは・・

みんなの華々しいキャリアを
聞くたびに自分との差に
ため息が出る
ブブブ
ん？
あ、この前
採用面接に応募したところから
採用担当で
この度は弊
誠にありが
お送りいた
誠に残念な
また
不採用か・・
これで6社目
転職活動を始めて2ヵ月だけど
すでに世の中から
「お前はいらない人材なんだ」
と言われている気がする

えー、次は新郎新婦のウェディングムービーになります
欠席するのも悪いなと思ってきたけど、やっぱり来ない方がよかったな
年収1千万か・・
とうてい及ばない・・
ガンッ
バサ
バサッ
痛っ!!
りんご

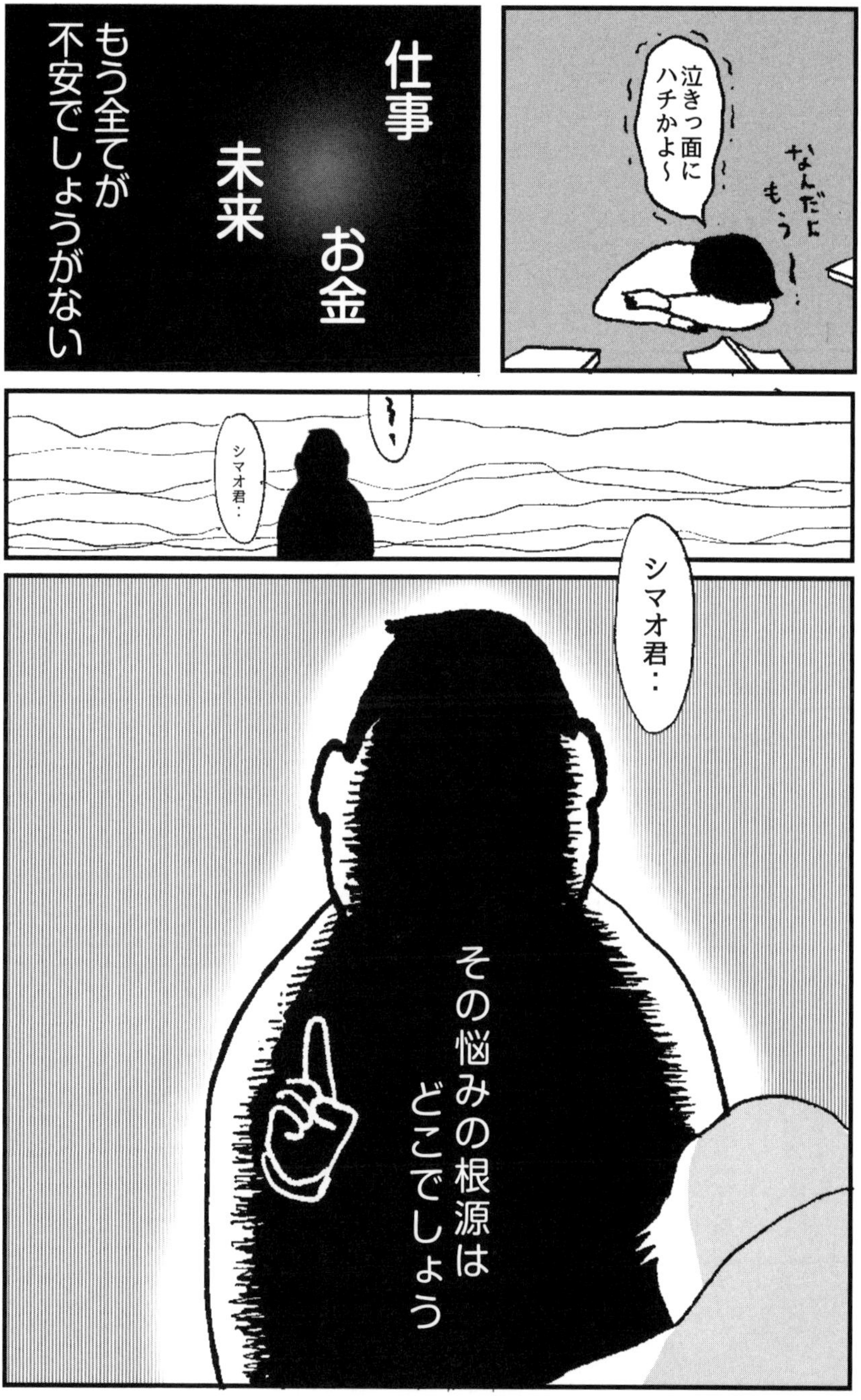
泣きっ面にハチかよ～
なんだよもう～
仕事
お金
未来
もう全てが不安でしょうがない
シマオ君・・
シマオ君・・
その悩みの根源はどこでしょう

!?
ガバッ
悩みは複合的に起きるものです
え・・
はたらく哲学
仕事に悩む君へ
その本質を見極めることで問題はいつだって解決できます
佐藤優《まさる》さん!?
パッ
佐藤 優
もしもし、佐藤さんですか?

第1章

豊かさの哲学

お金で幸せは買えるのか

もう8年も前。大学4年の夏休みに、僕はキャットシッターのバイトで、元外務省職員であり、神学の研究者の佐藤優さんの猫の世話をしていた。猫の習性から国際情勢、哲学、政治、歴史まで、膨大な知識を蓄え、また鋭い洞察力を持つ佐藤さんは、「知の巨人」なんて呼ばれていた。

猫の世話の間に、佐藤さんは色々と興味深い話を僕にしてくれた。最近のニュース、面白かった映画の話など、だいたいは世間話から始まるのだが、佐藤さんはいつもその話題の根底に流れる人間の思惑、国どうしの駆け引きなど僕に教えてくれた。

社会人となり7年。自分の将来が見えなくなった僕は、再び佐藤さんの家を訪れた。

悩みは分解して考えよ

シマオ：佐藤さん、先日はすみませんでした。急に会いたいだなんて。

佐藤優（以下・佐藤）：いや。久々で嬉しかったですよ。

シマオ：ありがとうございます。実は、ここ最近、ずっと悩んでいることがあって。

佐藤：悩み、ですか……。いったい何に悩んでいるのでしょうか？　仕事？　お金？　人間関係？

シマオ：その全部です。会社の業績は悪いから、年収は減るし、会社ではルーティーン業務ばかりで、自分で言うのも何ですが、たいした仕事もしていません。上司との関係もあまり上手《うま》くいってないし、後輩からは抜かされるし。正直、この先、自分がどう仕事をしているのかが見えなくなってしまって。

佐藤：まあ、落ち着いてください。つまりは、**仕事をしている自分の人生が不安だ**ということですね。

シマオ：そうです。これから先、どのように働いていけばよいのか、自分の将来がぼんやりとしか見えてこなくて。20代の頃とは違い、急に守ってくれるものがなくなったというか。いわば、何もないだだっ広い野原の中に一人、立ちすくんでしまっているような気持ちです。

佐藤：たしかに、ぼんやりとした悩みというのは伝わってきますね。人間の悩みや物ごとの問題点は、切り分けて考えていかなければなりません。**まず、物ごとを整理し、悩みの「内在的論理」、すなわち本質を見極めてみることです。**

シマオ：内在的論理。

佐藤：はい。**悩みというのは複合的に起こるもの。一つの悩みが他の悩みに連鎖し、複雑に絡み合うのです。**ですからその一つ一つを順番に解いていく必要があるんですよ。

シマオ君の心に、今いちばん引っかかっていることは何ですか？

シマオ：えっと……転職できないこと……。いや違うな。もともとはお金の心配かもしれません。会社の業績悪化を理由に、周りがどんどん転職していくんです。

佐藤：大変ですね。

シマオ：能力ある人からどんどん辞めていってしまうので、焦って転職活動をしたんですけど、自分が希望した条件とまったく合わなくて。

つまり、給料がかなり下がるんです。

佐藤：そうですか。日本もかつてよりは転職しやすくなってきましたが、自分が転職の市場でどのくらいの価値があるのかは、シビアに見極める必要があるでしょう。

シマオ：はい。僕もそこで現実を見て。何社も応募したのですが、やっといい返事が来たと思った会社からは、今のお給料の3分の2程度の年収が希望額として提示されていたんです。

その金額が僕の評価なんだなと思うと、この先ずっと僕は「稼げない人間」となるのか、とため息がでます。

佐藤：資本主義においては、人間の労働力が商品となりますからね。企業は、利益を出すために、労働力の適正価格を厳しく見ています。

そもそもシマオ君はたくさんお金を稼ぎたいんですか？

シマオ：え、いや、たしかにお金は欲しいです。

でも一方で、仕事して稼ぐだけの人生も嫌だなって思ったりします。僕の父親が仕事人間で、それなりに稼いでいたとは思うんですが、小さい頃に遊んでもらった記憶も少ないし、休日はだいたい仕事仲間とゴルフ。定年した今では誘ってくれる友だちなんか全然いなくて、家で新聞読んだり散歩したり。母親とは家庭内別居みたいな様子です。

「そんな人生虚《むな》しいな」とかは思うので、そんなに給料にはこだわってこなかったのですが、実際、稼げない自分を前にすると、落ち込んじゃって。

佐藤：シマオ君のお父さん世代は仕事を頑張ることが美徳。それこそが成功と思ってきた世代ですからね。

シマオ：はい。「僕はそうなりたくない」と思って、今の会社も「働きやすさ」を求めて決めたんです。だけど……この歳になると、学生時代の友人との給料にも差が出てきて、自分より稼いでいると、うらやましいなあと思ってしまう。そして、少なからず「敗北感」を持ってしまうんですよね。これって何なんですかね？

佐藤：お金がないよりはあった方がいいですからね。

シマオ：そうなんですよ。ものすごく稼ぎたいということじゃないけど、お金は欲しくて。そんなこと考えていくうちに、結局、**僕にとっての「豊かな人生」って何なんだろう**って思うようになったんです。

佐藤：「豊かさ」とは何か、ですか。

シマオ：はい。お金だけじゃないはずなのに、どこかでお金を基準にしてしまう自分がいて。多分、今、自分に自信が持てない理由の大部分には、年収に関して負い目があるんじゃないかって思うんです。

佐藤：なるほど。シマオ君が悩んでいることが少し分かってきました。
　ではお金と豊かさを考える前に、まず社会という大きな枠でのお金の役割を考えてみましょうか。

シマオ：お聞きしたいです！

「欲望」はすべてお金で買える？

佐藤：「豊かさ」が何であるかを定義するのは、シマオ君の言うとおり、とても難しいことです。個人によっても、社会によっても、何が豊かであるかについての感じ方は大きく異なるでしょう。

資本主義社会において、お金が豊かさの尺度となるのはなぜだと思いますか？

シマオ：お金があれば何でも買うことができるからですよね。

佐藤：はい。**資本主義というシステムの中では、金銭によって物質的な商品やサービスはもちろんのこと、「欲望」ですら容易に購入することができます。**市場の自由化の原理においては「優しくされたい」「感動したい」「助けたい」という人間の欲望や感情を満足させるものが、商品化されていくのです。

シマオ：欲望を買う？

佐藤：例えばホストクラブなどで「男性に優しくしてほしい」というような欲望は買

えますよね。

シマオ：まあ、そうですね……。

佐藤：また、高い医療を受けることで「人生の長さ」を買うこともできます。

シマオ：命さえも購入できる世の中ということですね。

佐藤：あまりに極端なものは法律で禁止されてますが、それも国家の力が弱まれば規制しきれなくなります。ソ連崩壊後のモスクワでは、殺人でさえも簡単にお金で依頼できたんですから。確か数十万円から200万円くらいかな。私も「サトウが始末したい人がいるならいつでも言ってくれ」と言われたことがあります。

シマオ：え、すごい世界ですね。

佐藤：また、ロシア人から、「あまり恨まれることはしない方がいい。ちょっとした金であんたを始末することができるんだぞ」と警告されたこともあります。

シマオ：け、警告……。

佐藤：要するに**資本主義社会においては、何であっても金銭的な価値に置き換えられ**

る可能性がある。お金を持つことが権力となる。だからこそ、その万能感が人々を錯覚させやすいんです。

お金そのものを拝んではいけない

佐藤：先ほど、シマオ君は「お金が欲しい」と言ってましたが、どうしてですか？

シマオ：え？　何でって？　普通お金は欲しいじゃないすか……。

佐藤：なんで、お金が欲しいんですか？

シマオ：それは、欲しいものを買えたり、いいところに住めたりするから……？

佐藤：欲しいもの？　何が欲しいんですか？

シマオ：いや、今すぐには特にないんですけど……。

佐藤：シマオ君、あなたはお金が欲しい。なぜなら、お金が欲しいから。そういうことなんです。

シマオ：どういうことですか？

佐藤：つまり、何かが欲しいのではなく、お金そのものが欲しい。紙幣や貨幣、そのものを欲しているんです。私はそういう人のことを**「拝金教徒」**と呼んでいます。**自分の人生の価値を「お金」だけで考えてしまい、目的なくお金を貯めようとしてしまう人たちのことです。**

シマオ：ぐっっっっ（痛い……）。

佐藤：なんでお金を拝んではいけないと思いますか？

シマオ：お金稼ぎばかりを目的に動くようになってしまうから？

佐藤：いや、お金を稼ぐこと自体が悪いわけではありませんよ。**稼いだお金を自分だけのものとしてしまうことが悪だとされるのです。**

シマオ：自分だけのもの。

佐藤：お金持ちにもいろいろな人がいますよね。私はキリスト教徒ですが、新約聖書の「マタイによる福音書」には、**「地上に富を積んではならない」**という言葉があります。

”

「**あなたがたは地上に富を積んではならない。**そこでは、虫が食ったり、さび付いたりするし、また、盗人が忍び込んで盗み出したりする。**富は、天に積みなさい。**そこでは、虫が食うことも、さび付くこともなく、また、盗人が忍び込むことも盗み出すこともない。あなたの富のあるところに、あなたの心もあるのだ。」

（「マタイによる福音書」第6章19－21節）

地上の富とは、つまり蓄財。自分のところだけにお金を集めることです。しかしそれはキリスト教では悪とされています。私たちに与えられた能力というのは、神様からもらったものだから、それを返さなければならない。けれど、神様に直接返すことはできないから、隣人に返しましょう、ということです。

「福音書」とは

キリスト教の聖典は2つある。それがユダヤ教でも用いられる「旧約聖書」と、イエスの弟子たち、すなわちキリスト教徒によってまとめられた「新約聖書」。「新約」とはイエスによる神との新しい契約という意味である。「新約」の中でも、イエスの言行を記録したものとされる4つの福音書（マタイ、マルコ、ルカ、ヨハネ）は世界中でよく読まれている。「福音」とは「よい報《しら》せ」という意味であり、アニメ「エヴァンゲリオン」はこの福音という言葉（エウアンゲリオン：ギリシャ語、エワンゲリウム：ラテン語）から取られている。

シマオ：隣人に返す、か。だから欧米では、チャリティの考え方が浸透しているんですかね。

佐藤：財団などを作り莫大な金額を寄付している資産家も、日本よりずっと多いですよね。アメリカの石油王として有名なロックフェラーは、事業家として成功した後、その財産でロックフェラー財団を設立し、研究や教育などを支援しました。彼は**「世界で最も貧しい人は、金以外の何も持っていない人である」**という言葉を残しています。

シマオ：確かに。アメリカのドラマなんかを見ると、いつもチャリティパーティーとかしてるイメージありますね。

佐藤：また、キリスト教では**「人は神とマモン（富）の両方に仕えることはできない」**（「マタイによる福音書」第6章24節）とも言っているんですよ。

シマオ：マモン？

佐藤：マモンとは、アラム語（イエスの使っていた言葉）で「富」のことです。日本語の聖書では「富」、英語だと「Money」と訳されていますが、本来は訳すことのできない言葉です。なぜかと言うと、「富」と訳してしまうと、あたかも「形を持ったもの」であるかのように感じてしまうからです。

シマオ：じゃあ、その「マモン」は形がないということなんですか？

佐藤：はい。私たちは富をお札などの形ある「お金」として思い描いてしまいがちですが、本来、富は実体のないものなんです。**実体がないからこそ、富というものはいろいろな姿に形を変えて人間を簡単に支配する力を持っている。それに抗《あらが》うことは大変難しい。**だからイエスは、マモンに気をつけろと、わざわざ言葉にして、弟子に伝えたのです。

シマオ：昔から人間の本質は変わらないんですね。

佐藤：ええ、変わりません。仏教にもイスラムにも似たような考え方があります。すべての世界宗教が考える豊かさの概念は同じ。**豊かさは、富を遠ざけることでしか得られないのです。**

シマオ：富を遠ざけることで豊かさが手に入る……。

佐藤：富と豊かさはイコールではないのに、気を抜くとすぐに、富は豊かさや神さえも優越しようとする危険性を孕《はら》んでいるんです。ですので、どの宗教も何千年も前から「お金」を警戒しています。お金を拝むということは、すべてをお金に換算して測るということ。それは戒めるべきことだというのが、宗教が何千年にもわたって積み重ねてきた知恵なんです。

シマオ：僕、あまり宗教ってよく分からないんですが。

佐藤：特定の宗教に入信していなくても、いろいろな形で「信仰」は私たちの生活に入り込んでいます。何千年も前から伝わってきた宗教というのは、歴史を動かしてきた人間の思惟《しい》、その元となる普遍的真理を教えてくれる歴史的な集合知です。その意味でも、宗教から学べることはたくさんあるはずですよ。

「富」を道徳化したアダム・スミス

シマオ：富に実体がないとすると、じゃあ富はいったい何で確かめることができるのでしょうか？

佐藤：はい。「富とは何か」という問題について考えたのが、イギリスの経済学者アダム・スミスです。

シマオ：誰ですか？

佐藤：アダム・スミスは『国富論』などの著書で知られている経済学者です。市場という**「見えざる手」**が生産性を最大化するという理論を唱え、「近代経済学の父」とも呼ばれています。

シマオ：えっと……、分かりやすく説明していただけますか。

どれだけ富が増えても
満足が得られないなら
何の意味があるのか

【アダム・スミス】(1723−90)

イギリスの経済学者、哲学者。生前の著作は『道徳感情論』と『国富論』の2冊だった。『国富論』の原題を直訳すると「諸国民の富の本質と原因に関する研究」となり、当時の重商主義を批判し、市場経済が国家の富を増やすことになると主張した。市場の効果を示す有名な「(神の)見えざる手」という言葉は本書から来ており(スミス自身は「神の」とは言っていない)、「近代経済学の父」とも呼ばれる。

佐藤：まず、歴史的なお話をしましょう。アダム・スミスが生きていた18世紀において、ヨーロッパの国々は「重商主義」と呼ばれる経済政策をとっていました。

シマオ：重商主義？

佐藤：要は、輸出によって世界中から金や銀、それに基づく貨幣を集め、それこそが国家にとっての「富」だと考えていたのです。スミスはそれを批判しました。「富」というのはそうした貴金属のことではなく、人間の労働から生まれるものであるというのが、スミスの考えです。これを**労働価値説**と呼びます。

つまり、**国民の労働で生産される必需品こそが富であり、市場によって生産性を上げることが、国を豊かにすることにつながる、**ということです。

シマオ：お金そのものよりも、国民の生活の方が大事ということですね。

佐藤：生産性を高めるためには、「分業」が必要であると考えたのもアダム・スミスでした。例えば、パンを作るのに、一人の人が小麦を育てるところから、生地をこねて焼くまでをすべてやるとしたら、かなり大変ですよね。

シマオ：小麦を育てるのは農家に任せた方が良いですよね。

佐藤：その通りです。一つの商品を作る過程をいくつかに分けて、それぞれ得意な人がやった方が、生産性が向上するとスミスは考えました。

シマオ：僕も、得意なことだけやっていられたら楽なのに……。じゃあ、得意な人に得意なことを割り振る作業を、誰かがしてくれれば社会はうまく回りますね。

佐藤：ところが、スミスはそう考えませんでした。それが先ほど「見えざる手」とスミスが呼んだ市場の働きです。**個人が自分の利益を追求して勝手に行動してい**

れば、市場の働きを通して、結果的に生産性は極大化される、というのがスミスの提唱したことです。そこには、国家の管理などは必要ありません。これが、「**自由放任主義**」と呼ばれる考え方で、現代の自由主義経済の理念の基本ともなっています。

シマオ：現代の弱肉強食の資本主義社会は、アダム・スミスさんの言うとおりになったということですね。

佐藤：ただ、**スミスは弱肉強食の社会でいいと考えていたわけではありません。**彼は、『道徳感情論』という本の中で、人間は単に利己的な存在ではなく、社会的な存在であると述べています。

シマオ：社会的な存在？

佐藤：はい。人間には「共感」する心があり、それが社会における「道徳」や「規範」を生み出しているということです。だからこそ、市場の働きによって、お金持ちと貧しい人の間での「富の再分配」が行われると考えていたようです。

シマオ：人間には「共感力」があるから、市場も健全に回り、貧しい人も最低限の暮らしができるということですね。

佐藤：もちろん、実際はそう単純ではありませんが、ある程度は正しい考え方だと思います。

なぜお金への欲求は「際限がない」のか？

シマオ：富というのは、お金のようなモノではなく、人間の労働から生まれる価値である。でも、人間はお金に振り回されてしまいがちだから、気をつけなければいけないということか。

佐藤：そういうことです。

シマオ：ただ、そうは言っても、ほとんどの人はお金を欲しくなってしまうと思うんですよ。拝金教徒と言われても、すぐにこの価値観を変えられるかどうか分かりません。

佐藤：**なぜお金が欲しくなるのか。それはお金の万能感が人を錯覚させるとともに、**

その欲求に際限がないからです。

シマオ：欲求に際限がない？

佐藤：例えば、銀座で2万円するようなお鮨を食べられるといったら、食べたいですよね？

シマオ：もちろん！

佐藤：ではそのお寿司を365日食べられる、と言われたら？

シマオ：それは嫌です。

佐藤：では、シマオ君が誰かに1万円をもらったとしましょう。その後また10万円くれるとしたら？　欲しくならない？

シマオ：もちろん欲しいです。

佐藤：さらに100万円くれる人がいたら？　さらに1000万円くれる人が現れたら？

シマオ：100万も1000万も全部もらいたいです。……そうか！　それがお金の際限のなさということなんですね。

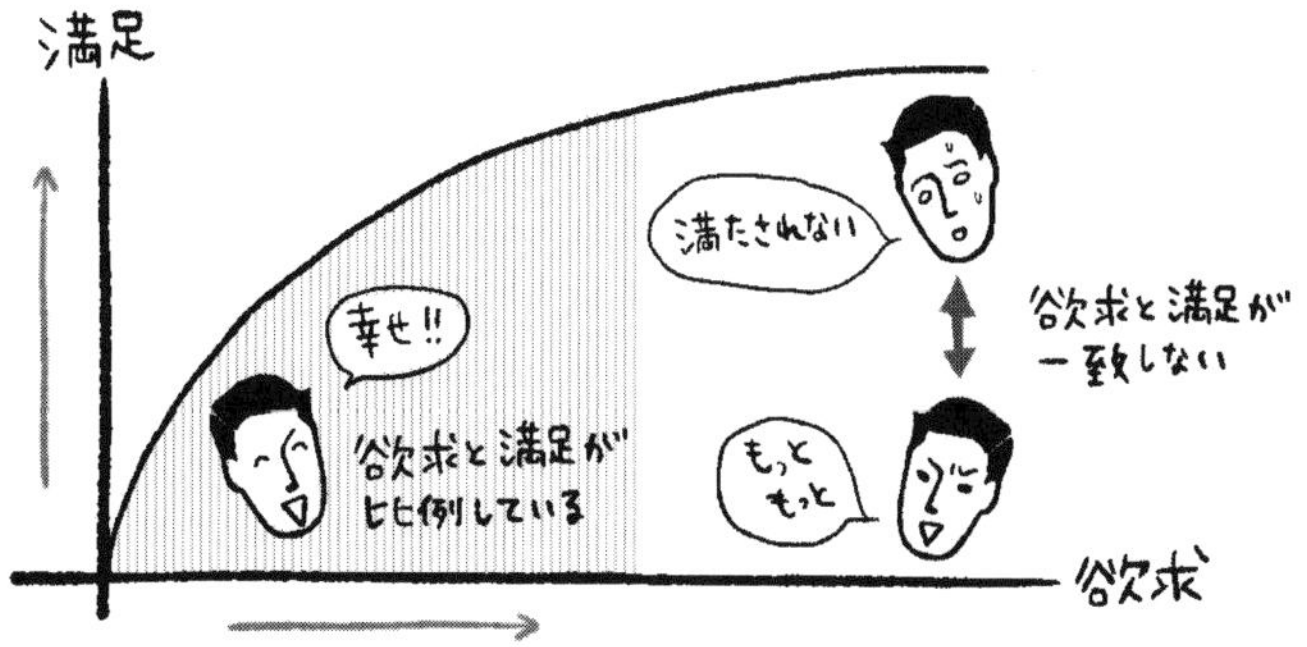

佐藤：そうです。人は食べれる量、持てる物の数に限度があるのに、お金はいくら増えても「お腹いっぱい」がないのです。そこが、お金の怖さなんですよ。

ですが、いくら稼いだとしても、人はある一定以上、自分の欲望を満足させることができなくなるんです。これを経済学では「限界効用の逓減《ていげん》」と呼びます。

シマオ：限界効用のていげん？

佐藤：「効用」というのは経済学用語で、あるモノを消費した時に得られる満足度のことです。「限界効用」というのは、その消費量が一段階増えた時に得られる満足度のこと。それが逓減するということは、モノの消費量が増えるほど、満足度の上昇は下がってしまうということです。

シマオ君、のどが渇いている時に飲む1杯目のビールは美味しいですね。

シマオ：最高です！

佐藤：では、2杯目、3杯目……となって10杯目はどうでしょうか？

シマオ：だんだん嫌になるでしょうね。

佐藤：そういうことです。

シマオ：欲しい欲しいと欲望だけが膨らんでも、それから得られる満足は限界があるということか。

佐藤：そうです。お金は、満足しないからこそ、増やすこと自体に喜びを感じるようになるのです。

お金のフェティシズム

佐藤：お金の話が出たので、簡単に資本主義の仕組みをちょっと説明してみましょう。ドイツの思想家マルクスは分かりますよね？

シマオ：マルクス……って、ソ連を造った人でしたっけ？

佐藤：違います。それはロシア革命を主導したレーニンですね。

シマオ：すみません……。

佐藤：いえ、シマオ君が混同するのも分かります。一般的にマルクスは共産主義・社会主義思想の祖として知られていますから。マルクスは資本主義社会においては、資本家階級が労働者階級から富を搾取しているとして、それを是正するための階級闘争が必要であると説いた人物なんです。

シマオ：革命家、ということは何となく知っていましたが、正直少し危ないイメージでした。

佐藤：マルクスの思想に危ない側面があることは事実です。生まれたドイツ（当時はプロイセン王国）から追放され、フランスやイギリスを渡り歩きながら、執筆や運動を継続したマルクスを支えたのが盟友フリードリヒ・エンゲルスでした。

そのマルクスの主著が有名な『資本論』です。

シマオ：あ、知っています！

佐藤：『資本論』の目的は、社会を変えるために、まず社会の構造となっている資本主義経済について解明することでした。

【カール・マルクス】（1818－83）

ドイツ生まれの思想家。人間社会の歴史は階級対立を乗り越えることによって発展していくという考え方をした。それに基づき、資本主義はいずれ崩壊し、社会主義、共産主義へと進まなければならず、そのために労働者階級が団結して革命を引き起こすことが必要だと主張した。盟友フリードリヒ・エンゲルス（1820－95）とともに活動し、『共産党宣言』『ルイ・ボナパルトのブリュメール18日』『資本論』など膨大な著作を残した。

佐藤：マルクスはこの『資本論』の中で**貨幣には「物神性」がある**と言っています。

シマオ：物神性？

佐藤：フェティシズムのことです。「○○フェチ」なんて言い方で日本語にもなっていますよね？　これはもともと物神崇拝、つまり何らかの「モノ」に超自然的な力が宿るとする考え方のことです。

シマオ：**お金という「物」を神様のように拝んでしまう**ということでしょうか？

佐藤：そうです。そして、それこそが、マルクスが資本主義の基本的な仕組みについて解明した画期的な理論だったのです。

シマオ：僕たちはお金フェチってことですか？

佐藤：はい。マルクスは資本主義のシステムに疑問を持ち、ひっくり返そうとして共産主義革命を目指した。私はマルクスの革命論は受け入れられるものではないと思っていますが、一方で、資本主義を理論的に説明した内容としては、現在でも十分に通用するものだと思っています。

資本主義が生んだ価値のねじれ

シマオ：『資本論』に関して、僕にも分かるようにもう少し説明してもらえますか？

資本主義に生きているのに、その仕組みをほとんど理解していないことに気づきました……。

佐藤：はい。簡単に説明しましょう。マルクスは、資本主義社会において人は、**生産手段を持つ資本家（ブルジョワジー）**と、その**資本家の下で働く労働者（プロレタリアート）**の2つに分かれると指摘しました。

シマオ：ブルジョワとプロレタリアート……。

佐藤：マルクスによれば、労働者というのは「労働力（労働をする能力）」

という商品を売って稼ぐしかない人たちのことです。労働者はどれだけ頑張って働いてもお金持ちになることはできません。なぜなら、資本家は労働者をできるだけ安い賃金で働かせようとしますし、そこから上がった利益（剰余価値）は自分たちだけのものであって、労働者に分配することはないからです。このことをマルクスは資本家による「搾取」と呼んだのです。

シマオ：それで言えば僕は、プロレタリアート、ということですね。

佐藤：そうです。会社員のほとんどは現代のプロレタリアートです。

先ほどアダム・スミスについて説明した際にも触れましたが、資本主義の社会では「分業」が発達します。例えば食器の職人はお皿やコップをひたすら作り続けます。その大量の食器は、当たり前ですが自分が使うものじゃないですよね？

シマオ：売って、お金に換えるためです。

佐藤：そう。原始的な社会では物々交換だったけれども、Aさんの欲しいものとBさんの欲しいものがいつでも一致するとは限りません。そこで登場したのが、お金だったというわけです。ここでいう「お金」は必ずしも貨幣のことではありません。ソ連崩壊前後のモスクワでは、タバコの「マルボロ」が通過の代わりをしていました。そういった、ある「基準」で商品をはかったものをマルクスは「価値」と呼び、作った食器を使うことで得られる有用性を「使用価値」と呼びました。

シマオ：「価値」と「使用価値」……。

佐藤：商品はそれを使ったり、消費したりするために作られたものです。しかし商品の交換が始まると、その「使用価値」よりも「価値」の方が重要視されるようになりました。つまり、**貨幣があれば商品を購入することができるが、商品があってもそれが売れて貨幣になる保障はない。そこに商品と貨幣の非対称性が生まれてしまったのです。**

シマオ：商品と貨幣の非対称性？

佐藤：簡単に言えば、お金さえあればどんなものも買えるけれど、その逆は必ずしもあるわけではない。だから、貨幣の方が交換する物質やサービスよりも強く見えてしまうんです。まるで「お金」自体に何らかの、物やサービスを超越する力が宿っているかのように。

シマオ：目の前にある物を超越する力……。それが「物＝貨幣」を「神」と同等に感じてしまう理由なんですね。

佐藤：はい。だから人間は貨幣そのものを拝むようになってしまうのです。そこにお金の本質、お金を中心に回っている社会の本質があるのです。

お金の価値は信心で作られる

佐藤：ここに1万円札があります。この1万円札の原価は、だいたい20円台でしょうか。20円程度で作られたものが、1万円の価値を持つ。私たちは、このお札のために毎日働き、時には犯罪まで犯してしまう。それは、なぜだと思いますか？

シマオ：え、みんなそれをお金だと思っているから？

佐藤：はい。日本銀行や政府が価値を保証してくれているからです。そして、多くの人が「日本という国は安定している」と考えている。このことを経済学で「信用」と言います。

私たちは貨幣を信じている、いわば「貨幣教」の信者なんですよ。

シマオ：**僕たちはお金フェチであり、お金の信者ということですか。**

佐藤：**もっと言えば「幻想」です。**国家に何かがあれば、お金の価値なんてすぐになくなるんですよ。

シマオ：そんなの、想像もつきません。

佐藤：私は一度、その体験をしています。ソ連の日本大使館に勤めていた1991年1月のことです。夜9時のニュースを見ていたら、アナウンサーが「本日24時で50ルーブル、100ルーブル紙幣が使えなくなります」と言ったのです。

シマオ：お金が一瞬にして紙切れになってしまった……。呆然とするでしょうね。

佐藤：国が信用を失えば、そうなるということです。実際、その前からルーブルの価値は暴落していました。日本だって、赤字国債を返せないと思われれば、円の価値は暴落するでしょう。近年流行りのビットコインなど仮想通貨（暗号資産）なんかは、もはやお札のような実体すらありません。まさに、欲望と期待だけから価値が生まれているんです。

シマオ：でも僕たちは資本主義の中、これからも生きていかなくちゃいけませんよね。お金とどう付き合っていけば……。

佐藤：**お金を否定してはいけないし、お金そのものを価値だと考えてもいけません。**大切なのは、その人の価値観をどこに置くのかということに結局は戻るのです。

豊かさを感じにくくなってしまった現代

シマオ：価値観をどこに置くのか。そこを固めるのが難しいんですよね。身の丈に合った、自分らしい生き方をしろ、ってことでしょうか。

佐藤：シンプルな答えですが、その通りです。

例えば、マーク・ボイルさんという人が『ぼくはお金を使わずに生きることにした』という本を書いています。彼はイギリスで、1年間まったくお金を使わないで暮らすという実験をしました。

シマオ：その本、読んだことがあります！　お金を一切使わなくても、友人からコンピュータだけでなくキャンピングカーをもらったり、食事はスーパーで捨てられたものを拾ったりして、それなりに豊かな暮らしをしてる人ですよね。

佐藤：もちろん、誰もができるわけではないけれども、そうしたライフスタイルというのも一つの価値観です。

イギリスの経済学者ケインズをご存じですか？　ケインズは「孫たちの経済的可能性」という講演の中で、**「100年先の将来には、経済成長や科学技術の発展によって1日3時間しか働かなくていい時代が来る可能性がある」**と述べています。

シマオ：そんな時代、全然来ていませんよ！

佐藤：ふふ、確かにそうですね。ただ、ケインズが提起しているのはもっと本質的なことです。ケインズは次のように言っています。

”
創造以来初めて、人類は己の本物の、永続的な問題に直面する—目先の経済的懸念からの自由をどう使うか、科学と複利計算が勝ち取ってくれた余暇を、賢明にまっとうで立派に生きるためにどう埋めるか。（中略）余暇と過多の時代をゾッとせずに待望できる国や人々は、たぶん一つもないと思う。というのも私たちはあまりに長きにわたり、頑張るべきで楽しむべきではないと訓練されてきてしまったからだ。特別な才能もない一般人にとって、没頭できるものを見つけるというのはおっかない問題となる。

（「孫たちの経済的可能性」山形浩生訳　https://genpaku.org/keynes/misc/keynesfuture.pdf）

シマオ：僕たちは、頑張るべきで楽しむべきでないと訓練されてきた?

佐藤：はい。**働いて稼ぐことが当たり前になった価値観の中では、労働から自由になった時、人間はとまどうのではないか、**ということです。ケインズはそうなっても人間はつまらない仕事を求めてしまうだろうという皮肉を言っています。

資本主義社会に慣れ切った私たちは「豊かさ」を見つけることが難しくなっているということなのです。

生きる意味は
稼ぐこととは別の所に
あるのさ

【ジョン・メイナード・ケインズ】（1883－1946）

イギリスの経済学者。財政や金融といった全体的な視点から経済活動を分析する「マクロ経済学」を確立させた代表的な人物。『雇用、利子および貨幣の一般理論』などの著作がある。市場による自由放任主義では経済は不安定になることがあるとして、その際には政府による積極的な財政政策や公共投資が有効であるという考えを提唱した。こうしたケインズ経済学に基づく考え方を支持する人を現代でも「ケインジアン」と呼ぶことがある。

「見極め」と「見切り」が大事

シマオ：これまで、「稼がなきゃ」とただただ思っていましたが、僕、資本主義の中で思考停止していただけなのかもしれません。

佐藤：敵を知り己を知れ、です。マルクスの考え方を知れば、お金がどのようにこの社会を動かしているのか、客観的に見ることができるんです。

シマオ：確かに。

佐藤：シマオ君は会社員ですよね。**会社員として働く時は、自分は資本家ではなく、労働力を売っている労働者なんだという「見極め」と、だから収入には限りがあるんだという「見切り」が大事なんです。**

シマオ：「見切り」と「見極め」？

佐藤：自分は労働者なんだという見切りと、資本家にならない限り、莫大な財産を築くことはできないという見極めです。

シマオ：はっきり言われると、なんか、夢がないですね……。

佐藤：それは必ずしもあきらめではないんですよ。**「見極め」と「見切り」の2つを認識した上で、お金で得られないものは何かということを自分で考えることが、人生の豊かさにつながるんです。**

「見極め」や「見切り」の見境をなくし、お金に盲信した結果、日本ではバブル経済が現れました。

シマオ：あ、何となくテレビで見たことがあります。「バブルの崩壊」って。

佐藤：バブル経済というのは、1980年代の後半から90年代にかけての日本の好景気を指します。その頃の日本では、円高もあって海外からいろいろなものが入ってくるようになりました。一番分かりやすいのが「食」です。

シマオ：「食」？

佐藤：現代のように、あらゆるものを安く食べられるようになったのは、バブルの影響です。

今でこそ、サイゼリヤに行けばパスタでもピザでもいろんな種類があるけれ

ど、かつてはスパゲッティといえば、ナポリタンかミートソースくらいしか選択肢がない。いくらお金があっても、本格的なイタリア料理やフランス料理を食べることは、高級レストランに行かない限りできませんでした。

シマオ：確かに、今はイタリアンでもフレンチでも、安いものを探せばスーパーに売っていますね。

佐藤：好景気により、日本は海外からあらゆる文化を取り入れられるようになった。これは衣食住、すべての分野において言えることです。

そういう意味で、今の私たちは、かつて

のお金持ちの人たちよりも「豊か」だと言えるかもしれません。

シマオ：バブルによって「豊かさ」が手に入りやすくなった大きな変革期だったんですね。

佐藤：でもその後、バブルは崩壊した。バブル崩壊後は、日本経済は落ち込み、世界的に見ても物価の上昇率は鈍くなった。それが現代も続いているんです。

プロレタリアートの幸福

シマオ：自分が労働者階級だと諦めて、頑張るしかない、か。

佐藤：**諦めではありませんよ。見極めです。**先ほどプロレタリアート（労働者階級）という言葉に触れましたよね。この「プロレタリアート」という言葉は、もともと古代ローマの国勢調査の財産区分で、「子どもしか持っていない人」、すなわち**「他に富を生み出す手段を持っていない人」**という意味なんです。

シマオ：へえ。

佐藤：マルクスはその言葉を流用して、十分な土地、預金、株などの資産がなく、自分が働いて得た賃金だけで生活する人々を「プロレタリアート」と規定しました。工場労働者だけでなく、現代で言う事務職や営業職などのビジネスパーソンもプロレタリアートですし、どんなに高収入のコンサルタントだって雇われている限りはプロレタリアートです。

シマオ：雇われの身はみんな囚《とら》われた労働者というとこですね。

佐藤：いいえ。むしろマルクスは、**プロレタリアートは「二重の自由」を持つ**と言っています。

シマオ：自由？　何でですか？

佐藤：**一つは、労働者が自分の労働力を売ることができる「自由」。もう一つは、労働力以外の生産手段からの「自由」です。**

シマオ：労働力を売ることができる自由と、労働力以外の生産手段からの……？　すみません、もう少し詳しく教えてください。

佐藤：はい。まずマルクスはこのプロレタリアートの「二重の自由」を肯定的と否定的の両面で理解しました。

肯定的な捉え方が「自分の労働力を自由に売る自由」で、否定的な捉え方が「労働力以外の生産手段からの自由」です。

シマオ：いい面と悪い面があるということか。

佐藤：プロレタリアートの肯定的な面は、**労働者は土地や職業に縛り付けられていない**、というところです。労働者はどこで働いていても、何を職業にしても自由です。

しかし資本家は、自分の土地、会社などの資本があるので、気軽に動くことができません。シマオ君の会社のオーナーは、シマオ君のように転職を考えられると思いますか？

シマオ：まあ、それは考えられませんよね。自分の会社だし。

佐藤：そういうことです。

しかし、一方で否定的な見方は残ります。それが、第二の自由である「労働力以外に生産手段からの自由」です。

　プロレタリアートは土地、道具、機会などの生産手段を持っていません。**自分の労働力だけしかお金を稼ぐ手段がない。**自分が働かないと何も生み出せないのです。このことをマルクスは「生産手段からの自由」と表現したのです。

シマオ：確かに。僕は特にこれといったスキルもないし、会社で働くしかお金を稼ぐ手段はないと思います。

佐藤：シマオ君のように、生産手段を持っていないプロレタリアートは資本家に雇ってもらわなくてはいけません。この自由は、否定的なニュアンスを持っていますし、この否定的な自由によって、資本家は労働者を搾取しやすくなるのです

シマオ：搾取か……。

佐藤：その構図はおかしいと思ったマルクスは、プロレタリアートがブルジョワジーを倒し、共産主義へと発展していくという未来を描きました。革命は失敗に終わり、生き残ったのは資本主義の方でした。

シマオ：労働者と資本家の関係は、その後も続いているということですね。

佐藤：はい。ただ、**労働以外の稼ぎを特に必要としない、階級のアップを求めない「プ**

ロレタリアート」で自分はいいんだと思ってしまえば、それなりに豊かに暮らせる土壌が今の日本にはあるんです。

シマオ：それなりに……か。

佐藤：シマオ君は先程、「搾取」と聞いて、落ち込んでいましたが、この話を聞くまで、働いていて搾取されていると感じたことはありますか？

シマオ：え？　確かに、言われないと、特に何も思っていませんでした。まあ、働くってこんなものかって、そこまで不満はなく生きてきましたが。

佐藤：それはシマオ君が「自分の労働力を自由に売る自由」を手にしているという証拠です。それは決して悲観的なことではありませんよ。

自分が搾取されているということに自覚的で、そこに不満があるならば、資本家になる選択をしてもいいでしょう。プロレタリアートの肯定的な自由を謳歌するのか、否定的な自由に憤り、そこから抜け出すのか。それは個人の自由です。

シマオ：そうか。そう考えると、僕は前者の方が楽かなあ。資本を持つために、頑張って時間を削って、と思うと疲れちゃうタイプだし。

幸福よりも安楽が人を穏やかにする

シマオ：プロレタリアートにはプロレタリアートの豊かさがある……と思うと、少し楽になりました。考え方次第で豊かさは意外と近くにあるのかもしれませんね。
佐藤さんは以前、「人生、いつも幸せだ」と言っていましたけど、逮捕、勾留されていた時も、その思いは変わらなかったんですか？

佐藤：幸せとは思いませんでしたが、**私は逮捕、勾留されていた時も、ある種の充実感を覚えることもありましたよ。**時間はたっぷりあるので、読みたい本を読むことができますし。

シマオ：タフですね……！

佐藤：私が特別タフなわけではありません。人間は環境順応性が高い生き物なんです。考え方の基準があるとすれば、**「周りと比べて自分がどの位置にいるのか**

ではなく、自分の置かれた環境においていかに安楽に暮らせるか」を知っているかどうかだと思います。

シマオ：安楽？　安楽って何ですか？

佐藤：大川周明《しゅうめい》という右翼の思想家が書いた『安樂の門』という本があります。ここで大川は、**「幸福という言葉の意味は漠然として捉えがたい」。だから、「幸福よりも安楽と言ったほうがよい」**と書いています。

【大川周明】（1886－1957）
日本ファシズム運動の理論的指導者。犬養毅元首相の暗殺事件（五・一五事件）の黒幕として右翼を扇動し、懲役15年の実刑判決を受ける。東京裁判でA級戦犯として訴追された際、法廷で東條英機元首相の頭を平手打ちするなど奇行を働き、その後精神障害と診断され免訴された。

佐藤：その本の章タイトルがおもしろくて、第1章は「人間は獄中でも安楽に暮らせる」。

シマオ：おお。何か迫力が違いますね……！

佐藤：そして第2章は「人間は精神病院でも安楽に暮らせる」です。

シマオ：……（すごい世界だ）。

佐藤：つまり「安心」して「楽」な状態を目指した方が、人は幸せを感じやすい、ということです。私も獄中では安楽に過ごすことができました。まあ、あれは特殊な経験ですけどね。幸福というのはものすごく抽象的概念なんです。抽象的概念は曖昧で、その時代の社会的背景に影響を受けやすい。幸福がお金のある暮らしだというのは、長い歴史で見ればつい最近のことなんですよ。

シマオ：安楽と聞くと、確かにちょっと楽そうですよね（笑）。

佐藤：豊かさは何かというと、それは趣味の問題と一緒なんです。犬が好きな人と猫が好きな人で、どちらがいいということはありません。自分の人生でどっちを選ぶか、ということです。

HAPPY or UNHAPPY?
=
DOG or CAT?
どちらを選ぶかは趣味です
えっ

シマオ：もちろん猫ですよね！　しかし、それって理由がないものだもんなあ。

佐藤：そうです。そこに正しいも間違いもありません。お金を求める生き方をしてもいいし、それ以外の幸福を目指してもいい。ただ、自分でコントロールできないものを追ってしまうと、人生は辛いものになるということは覚えておいてください。

シマオ：世界の情勢も景気の動向も、それこそ会社の業績も、自分ひとりではどうにもならないものだもんな。

佐藤：お金もそうですし、健康、人の縁も自分ではどうにもなりません。

古代ギリシャにエピクテトスという哲学者がいるんですが、彼はその頃には珍しい奴隷出身の知識人で大変な苦労を経験していました。そのエピクテトスはこんな言葉を残しています。

”物事のうちで、あるものはわれわれの力の及ぶものであり、あるものはわれわれの力の及ばないものである。

（『人生談義』エピクテトス、國方栄二訳、岩波文庫）

シマオ：力の及ぶものと及ばないもの……？

佐藤：**私たちが生まれながらにして莫大な財産を持てるか、健康な肉体を持てるかどうかといったことは、私たちの力の及ばないこと。逆に、気の持ちよう、つまり考え方は力の及ぶことです。だから、お金のあるなしに囚《とら》われない心を持つ**

ことが必要だ、ということです。

【エピクテトス】（55年頃－136年頃）
古代ギリシャの哲学者。奴隷の身分に生まれ、子どもの頃から足が不自由だった。快楽や欲求に克ち、理性に従って生きることを説いた「ストア派」の一人。その生涯については不明なことも多く、弟子によるエピクテトスの言葉の記録（『語録』『要録』）が遺っている。

シマオ：心、思想だけが僕に最後に残る財産っていうことですね。

佐藤：はい。また、エピクテトスは、自分よりお金持ちの人がエラく見えてしまうのは、多くの人が陥ってしまう勘違いだと指摘しています。

もし、シマオ君がお金持ちから「私は君より裕福である。したがって、私は君より勝っている」（前掲書）と言われたらどう思いますか？

シマオ：ただただムカつきますね（笑）。

佐藤：エピクテトスはこの言い方は「論理的ではない」と言います。**「私が君より裕福である」のは「私の財産が君の財産より勝っている」だけであって、「私」も「君」も財産ではないよね、**というのがエピクテトスの主張です。**財産を持っていることは幸福の要素とはなるでしょうが、財産そのものが人間の価値ではありません。**

シマオ：ちょっと救われた気がします。

佐藤：最初に、資本主義社会においては、ほとんどのことがお金に換算されうると言いました。しかし、**「お金」そのものに本質的な価値はありません。**そこを見誤らないようにしてください。とはいえ生きるには最低限のお金は必要ですから、そこは戦略的にクリアしようというのが私のアドバイスです。その上で、自分の生き方を見つけていくことが大切なのです。

お金に換算する幸福では豊かになれない

「豊かさ＝お金」なのか？……答えはノーです。資本主義社会においては、あらゆるモノとサービスをお金で買うことができます。ただし、「豊かさ」はお金で買うことができません。高級な鮨を初めて食べたら幸せを感じますが、毎日食べたら飽きてしまうのと同じことです。

では、なぜお金が欲しくなってしまうのでしょうか。それは「お金」とは実体がないため、いくら手にしても満足感が得られないものだからです。満足できないから、人はよりその実体のない富を欲する。「拝金教徒」に陥らないためにも、お金自体を妄信してはいけません。

では、お金から自由になり「豊かさ」を手に入れるためにはどうしたら良いか。そのために必要な考えが「見極め」と「見切り」です。私たちのほとんどは「労働者（プロレタリアート）」で、それは何千万円の給与をもらっていようが、時給千円であろうが、資本家とならない限りは同じです。今手にしている「自由」を見直し、他人と比べて感じる「幸福」よりも、自分自身の中にある「安心」して「楽」にすごせる場所を考えると良いでしょう。

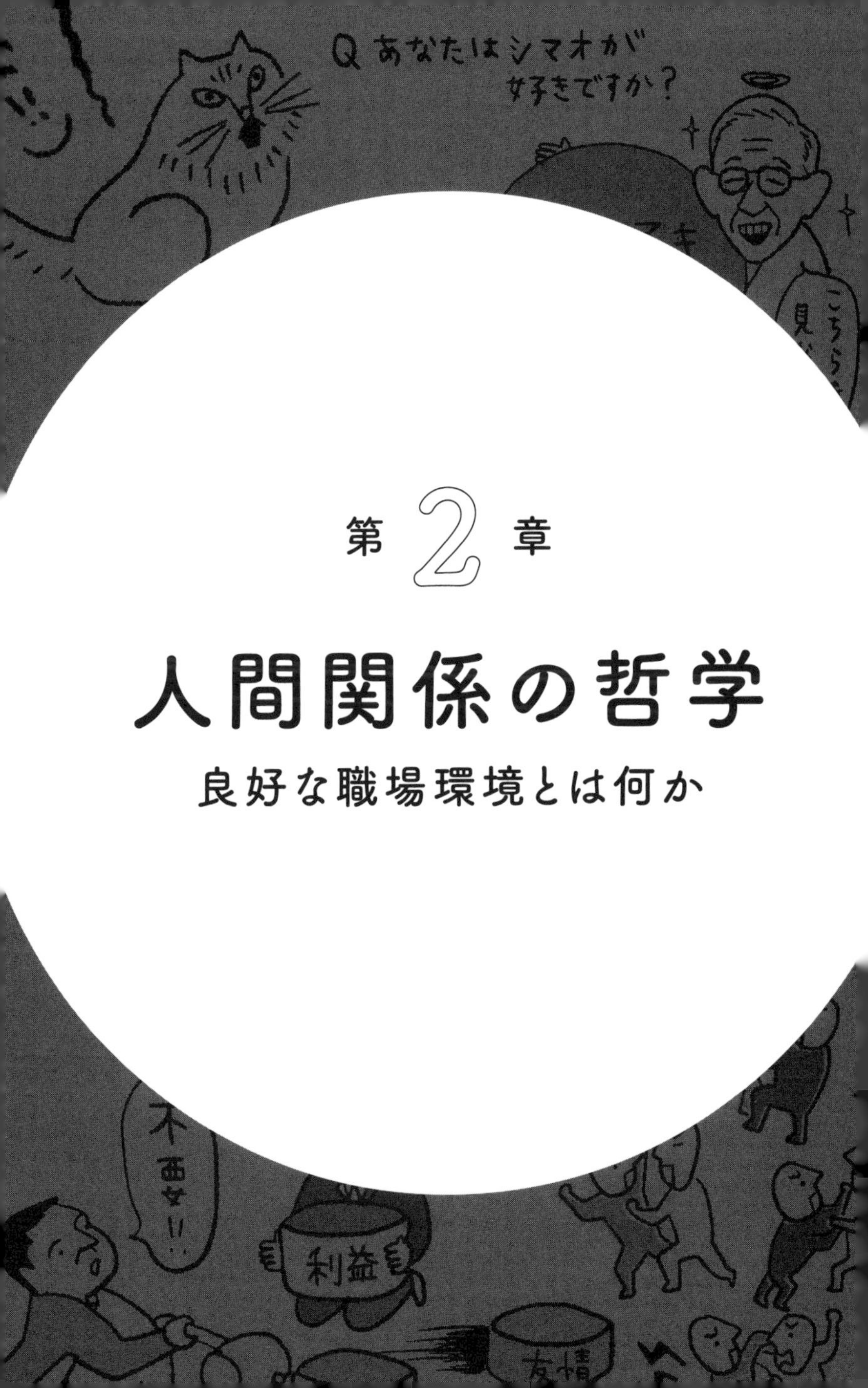

第2章

人間関係の哲学

良好な職場環境とは何か

「豊かさとは何か」。一見曖昧に感じるこの疑問も、資本主義の構造や「お金」本来の意味を知ることで、「稼げないと僕には価値がない」といった思い込みが、どれだけ表層的で凝り固まった価値観だったのかが分かった。佐藤さんからお金と豊かさの話を聞いて、「幸せはお金では買えない」という綺麗ごとが、初めて腑《ふ》に落ちたように思う。豊かさの物差しなんて人それぞれ違う。転職できなくたって、お金を稼げなくたって、僕は豊かな人生を歩めるはずなんだ。

しかし僕の悩みはまだ尽きない。コミュニケーションが得意とは言えない僕にとって、永遠についてくる悩み。それが「人間関係」だ。

「佐藤さんは人間関係に悩んだことはあるのかな」

そう思いながら、また僕は佐藤さんの家に向かった。

分かり合えない人間がいるのは健全な証拠

シマオ：佐藤さん、今日はまた違う悩みがあってきちゃいました。今、上司との関係があまりうまくいってなくて。

佐藤：人間関係ですか。職場では多かれ少なかれ衝突や軋轢《あつれき》が起こるものです。むしろない人の方が少ないでしょう。

シマオ：それは分かっています。会社はいろんな人が集まってきているものですから。でも、直属の上司からあまりにも正当に評価されてないなって感じることがあって。
この前、僕の後輩がマネージャー試験に合格したんです。僕よりも3つも下なんですけど、コミュニケーション能力が高くて、上司にも同僚にも好かれていて。

佐藤：昇進を抜かされた、ということですか？

シマオ：は、はい。僕、どちらかと言えば、あまり人との付き合いがうまくなくて、仕事の評価も全部それが原因なんじゃ、って思ってしまうんですよね。

佐藤：なるほど。

シマオ：中にはものすごく高圧的に仕事を押し付けてくる上の人もいて。でもその後輩にはみんな優しいんですよ。人望の差かもしれませんが、そんなことに傷ついてしまいます。

佐藤：まず、確認しておきましょう。そもそもシマオ君は、上司や同僚みんなと、良好な関係を築きたいと思っているんですか？

シマオ：え……そりゃあ、いい関係に越したことはないな、と。

佐藤：最初からこんなことを言ってしまってなんですが、**人と人が集まる場において、みんな仲良くというのは建前にすぎません。**不可能と言っても過言ではない。世の中には建前と本音の世界があって、**「どんな努力をしても根本的に分**

かり合えない人がいる」というのをまずきちんと理解した上で人と向き合ってください。

シマオ：分かり合えない……。

佐藤：はい。そう考えれば、誰かに嫌われることを恐れる必要はないということになります。

シマオ：それでも……やっぱり気になっちゃいますよ。自分に厳しく当たってくる人なんか、僕に非があったのかなって。

佐藤：シマオ君は**パレートの法則**をご存じですか？

シマオ：パレートの法則？

佐藤：会社の売上の8割は、全社員のうちの優秀な2割の社員によって生み出されているって聞いたことないですか？

シマオ：あ、それって働きアリの法則ですか？　アリの集団の中で本当に働いているのはごく一部だっていう……。

佐藤：パレートの法則は、集団の報酬や評価は、構成員のうちのごく一部が生み出し

ている、という経験則です。

シマオ君のいう働きアリの法則というのも、このパレートの法則の一種だと言えるでしょう。**アリの集団のうち、「よく働くアリ、普通に働くアリ、怠けているアリ」の比率が、2：6：2だと言われています。**

パレートの法則

イタリアの経済学者ヴィルフレド・パレート（1848－1923）が提唱したもので、集団の報酬や評価が一部の構成員に集中するという法則。パレートは、欧州経済の統計分析をする中で、所得配分に偏りがあることを見出し、その法則を論文にまとめた。「2：8」や「2：6：2」という数値は、あくまで経験則にすぎない。

シマオ：はい。確かに

佐藤：パレートの法則は、厳密に証明されたわけではありませんが、ビジネスなど多くの場面で当てはまることが知られています。実はこの2：6：2の法則はビジネスだけではなく、人間関係にも言えます。

シマオ：え？

佐藤：パレートの法則を人間関係に当てはめて、2割の人は自分を好きになり、6割は普通、2割は嫌いだと思うのです。多くの人は「自分を嫌いな2割」を見て萎縮してしまいがちですが、その他の「自分を好きな2割」、または「自分を好きでも嫌いでもない6割」に目を向ければ、見方が変わってくるのではないでしょうか。

シマオ：自分を好きな2割と、自分を好きでも嫌いでもない6割……。

佐藤：はい。**人は自分が気になるところしか、目を向けません。**シマオ君は、「自分を嫌いな2割」ばかりを見たくて見ている。しかしそれは全体像が見えてない証拠です。

シマオ：全体像が見えてない？

Qあなたはシマオが好きですか？
嫌い2人
好き&ふつう8人
こちらを見ましょう

佐藤：はい。**俯瞰《ふかん》して見れば、シマオ君が苦手だと感じる人は、会社全体のたった2割です。**

そんなことに気を揉むよりも、仕事を円滑に回すことだけを考え、横柄な態度の人、高圧的な言い方の人に会っても「この人は自分と合わない2割の人だ」と、気に留めないことが重要です。

誰もが誰かに嫌われているのが世の常。「嫌われたくない」「嫌われるのが怖い」と思う気持ちが強いと、無意識に人に流され、シマオ君がシマオ君でいる意味がなくなってしまいます。つまり自分の人生の主体性を失ってしまうのです。

シマオ：たった2割の人のことを考えて、人生の主体性を失ってしまう。それは嫌だな。

佐藤：会社にはさまざまな人格の人が集まる場所。人から嫌われるのは「健全」な証拠だと思って、無駄なエネルギーをかけないことが大切なんですよ。

シマオ：そうか。そういうものなんですね。ちょっと楽になりました。

全体の数の大部分は
一部の要素から
できているのさ

【ヴィルフレド・パレート】（1848－1923）

イタリアの経済学者・社会学者。鉄道会社に技師として勤めた後に、退職して研究活動に入った。経済学者としては、本文で触れた「パレートの法則」だけでなく、資源が最大限効率的に配分されている状態のことを指す「パレート最適」という言葉でも知られており、厚生経済学の発展に大きな貢献をした。

自分と他人とでは見えている世界が違う

佐藤：考えてみれば、「他人」と「自分」が分かり合えるということ自体が、不思議なことではありませんか？

シマオ：どうしてですか？

佐藤：例えば、私とシマオ君が、ここにいる「シマ」という猫を見ている。でも、それが同じように見えているかは、分かりません。私にとっては猫でも、シマオ君にとってはボールに見えているかもしれない。

シマオ：えっ？　いや、猫は猫ですけど。もし見ている対象や事象が違うなら、話しているうちに「おかしい」って気づくでしょう。

佐藤：そうですね。でもその人が「猫ではない。ボールに見える」と言えば、それに反論はできません。その人はそう見えているのだから。

シマオ：まあ、変ですけど、そうですね。

佐藤：重要なのは、**自分と他の人では見ている世界が異なる可能性があって、それは究極的には確かめようがない**、という意識を持つことです。
世の中には客観的な世界なんてものはなくて、確かなのはこの自分が今見たり感じたりしている意識だけです。

シマオ：客観的世界はない？

佐藤：はい。物ごとをありのままに捉える。この考え方を提唱したのが、哲学者フッサールです。この考えは「現象学」とも呼ばれているんです。

シマオ：フッサール？

佐藤：ドイツの哲学者です。**フッサールは偏見や先入観を全て排除して、ありのままのもの、ありのままのことを受け取ることを主張しました。**

シマオ：ありのまま？

佐藤：はい。人間、誰も他人の頭の中を覗《のぞ》くことはできません。つまり、シマオ君が「自分のことを嫌いだと思う人がいた」ことに対し、「どうして」「どうしたら」と考えても仕方がないのです。その人にはそう「見える」のですから。

シマオ：でもそれって割り切れますか？

佐藤：**割り切れるのではありません。割り切るのです。**シマオ君に冷たく当たる人がいても、「なぜこの人は自分に冷たいのか」「どうしたら優しくしてもらえるのか？」と悪い関係の原因や改善に心を砕くことはありません。

シマオ：関係の改善を望むより、そのままを受け入れる、ということですね。

【エトムント・フッサール】（1859―1938）

当時のオーストリア帝国生まれ、ドイツの哲学者。あらゆる先入見を排除（エポケー）して、目の前にある事象そのものをあるがままに捉えることから始める「現象学」を提唱した。現象学は20世紀の哲学の一大潮流となり、ドイツのハイデガー（『存在と時間』など）やフランスのメルロ＝ポンティ（『知覚の現象学』など）らに受け継がれた。

佐藤：もちろん、人間関係において、感情のすれ違いを解けば、友好的な関係を築けることもあります。しかし、**「職場」という「利益という共通目的が人をつないでいる特殊な場所」では、頑張っても分かり合えない人は、ある程度いて当たり前。寄り添おうと頑張って、必要以上に傷つけられることなどありません。**

　人は誰しも分かり合える。人を受け入れられないのは、自分に責任がある、など世の中に溢れる正論やコミュニケーション術に縛られすぎないでください。

シマオ：「人の気持ちを分かるようになりなさい」って教えられてきたけど、根本からは無理ってことですよね。

佐藤：もちろん、人間は似たような身体を持ち、同じ言語を話しますから、同じ世界を見ているという共通の理解に到達することができます。しかし普段の私たちは、無意識のうちに他人も自分と同じ景色を見ていると思い込んで生活してしまっています。

シマオ：本当は全然違ったりもするってことですね。

佐藤：はい。もちろん、これは哲学の話ですから、実際に会う人一人ひとりに対して「私と同じように世界が見えていますか？」と確かめろということではありません。とはいえ、**「見えている世界」を価値観と捉えてみれば、根本的に異なる価値観を持つ人間どうしは相容れない**と私は考えています。

シマオ：話すだけ無駄ってことですか？

佐藤：話すことは重要ですし、ケンカをするということでもありません。

例えば、ジャーナリストの立花隆《たかし》さんとは共著を出す際に深くお話をしましたが、根本的な考え方が異なっていると感じました。だから、立花さんとのお仕事はこれが最初で最後だなと、その時思ったものです。ですが、私は立花さんのことをとても尊敬していますし、そのお仕事をずっと追ってきました。**価値観が違っても尊敬できる人はいますが、無理に距離をつめる必要はないということです。**

仕事の同僚は「友だち」ではない

シマオ：他人とは究極的には分かり合えないし、嫌われて当然だと思え、と。でも、やっぱりいい人間関係の方が、仕事のパフォーマンスは上がりますよね？

佐藤：シマオ君が思う「人間関係がいい会社」とはどういうことでしょうか？

シマオ：え？　そりゃ、みんながいい人で、優しくて、仲がいいところですかね。

佐藤：では、会社の人たちは友だちですか？

シマオ：いや、まあそうじゃない人の方が多いですけど、同期とはたまに飲みに行ったりしますから、友だちみたいな関係だと思います。

佐藤：厳しい言い方かもしれませんが、**社会に出てからの同僚、知り合いは学生時代の友だちとはまったく種類の違う友だちです。言うならば利害関係でつながっている人たちなんです。**会社であれば、ビジネスで利益を上げることを共通目標とする人の集まりでしかありません。

シマオ：そんな！　多くはないですけど、僕には気が合う同期もいますし、それは言いすぎかと！

佐藤：シマオ君。**ビジネスシーンで出会った人との関係は、お互い付き合っていてメリットがなければ自然と消滅するものです。**

私は42歳のとき、鈴木宗男事件と呼ばれる北方領土をめぐる事件に連座して、背任と偽計業務妨害の容疑で逮捕されました。外交官として信念をもって働いたつもりでしたが、当時の小泉（純一郎）首相の改革路線との齟齬《そご》が、あのような国策捜査につながったと理解しています。

シマオ：はい。

佐藤：その時、それまでの人脈がなくなるということを、私は身をもって体験しました。**512日間における拘置所での生活は、私に人間の本質を教えてくれましたよ。**

鈴木宗男事件

２００２年、当時衆議院議員だった鈴木宗男氏が汚職疑惑で逮捕された事件。佐藤さんはこれに連座する形で、背任と偽計業務妨害の容疑で逮捕、起訴された。５１２日の勾留の後、保釈される。２００５年に執行猶予付きの有罪判決が確定、失職することとなった。

シマオ：みんな、手のひらを返すように離れていった？

佐藤：そうです。外務省はまさにそういう人たちの集団で、成功している時は多くの人が私を利用するために近づいてきましたが、失敗した時は蹴落とされました。外交官時代に親しくしていた新聞記者たちは２００人以上いたけれど、付き合いが続いた人はたった３人でした。１００人を超える記者たちと連絡を取っていましたが、当時メディアで圧倒的だったバッシングに対抗するような記事を出してくれた人は１人だけでした。

人と人との関係は、脆《もろ》く弱いもの

シマオ：佐藤さん、相当なショックでしたよね。

佐藤：ただ、私はそういう人たちを責める気持ちはまったくありません。その人たちも自分の仕事を遂行したまでです。

シマオ：物分かりが良すぎじゃないですか？　それ！

佐藤：私は大使館時代に、ソ連崩壊前後のさまざまな政治事件を目の当たりにしました。一つの国が壊れていく中では、政治家も官僚も情勢に応じて、さまざまな思惑で動きます。最終的に、利害によって人心は離れていくものだということは、経験から知っていました

シマオ：人は簡単に裏切るということか……。

佐藤：**ただ、裏切ったからといって、その人が必ずしも悪いとは言えません。人の意志はそれほど強いものではないということは、昔から変わりません。**

そのことは聖書にも書かれていますよ。シマオ君は「最後の晩餐」を知っていますか？

シマオ：レオナルド・ダ・ヴィンチの絵で見たことあります。

佐藤：キリストが十字架にかけられる前の、弟子たちとした最後の食事の場面です。

食事の後、一番弟子のペトロがイエスに「あなたのためなら命も捨てます」と言ったのに対して、イエスは**「鶏が鳴く前に、あなたはわたしを三度知らないと言うであろう」**と答えます。

シマオ：今晩中に裏切るだろうと予言するんですね。

佐藤：その晩、有名なユダの裏切りでイエスが捕らえられると、ペトロは他の弟子たちと逃げ出してしまいます。そして、**周囲の人にイエスと一緒にいただろうと問われると、予言通り三度否定してしまい、ペトロはさめざめと泣いた**と聖書には書かれています。

シマオ：弟子たちの信仰心が弱いということを、責めているんでしょうか？

佐藤：いいえ、そうではないんです。実はその前にイエスはペトロに対して、あなたは一度離れるけれどまた戻ってくる、と言っているんです。

シマオ：イエスは最初から分かっていた、と。

佐藤：結局、その後イエスが十字架にかけられて、人のために罪を背負って死に、さらに復活したのを見て、ペトロは信仰を新たにします。**信仰心は、自分一人の力で得られるものではない。裏を返せば、人の意志なんてものはそれくらい弱いということなのです。**ですから、裏切った相手を恨んでも仕方ありません。

シマオ：佐藤さんは、本当に心が強いですね。

佐藤：そんなことはありませんよ。さすがに取り調べがきつくなって心が折れそうになったこともありました。

シマオ：どうやって乗り越えたんですか？

佐藤：取り調べがきつくなって、もうこのへんで呑み込もうかという気になると、か

つて飼っていた猫がしょっちゅう夢枕に立つんです。モスクワから連れてきて死んでしまったシベリア猫でチビという名前でした。そのチビが、何だか弱気になっている私を見て目をギラギラさせてるんです。それで「チビが『日和《ひよ》るな』と言っているから、ここは頑張らないと」と思ったりしました。

シマオ：そんなこともあったんですね！

仕事では「情」ではない「信頼」を育てる

佐藤：結局、人間よりも猫のほうがよっぽど信用ができるんですよ。

シマオ：猫……。

佐藤：職種の違いはあれ、これはどの仕事でも言えるものだと思っています。定年後、それまでの人付き合いが一気になくなり、自分の居場所が見つけられないという人が多いのは、仕事を基盤にした人間関係と友情を勘違いしてしまっていたということなんです。

シマオ：そうかあ。ちょっと寂しい気もしますが。

佐藤：私から見れば、仕事上で利害関係のない友達ができる方が不思議です。それは、本当に真面目に「働く」ことと向き合っていないのではないでしょうか？

シマオ：グサッときますね……。じゃあ、佐藤さんは仕事上の付き合いでは友情や信頼は成り立たないと？

佐藤：**友情は成り立ちます。ただしそこには利害関係もあります。友人でなくても、仕事上の信頼関係は築けますよ。**利害関係のない友人ではないからといって、敵対関係にあるということじゃないんですから。むしろ、その利害関係を含んだところで、意見を調整しながら一緒に競争の中で生き残っていくことが大切だと思っています。

そういう意味では、会社における人間関係はむしろ希薄な方がいいですよ。

シマオ：えっ、そうなんですか？　希薄って言うと、冷たく感じます。

佐藤：希薄というのは冷血ということとまったく違います。**友情、愛情という尺度とは、別軸にあるところでつながっている、という意味の「希薄さ」が大切なんです。**上司がシマオ君のことを好き嫌いで評価するのは嫌ですよね？

シマオ：もちろん。

佐藤：かといって、数字だけ、目に見える実績だけで判断するのも、健全な職場環境とは言えません。**利益は信頼できる人間関係、お互いを尊重し合える環境でしか、持続可能ではありません。**

シマオ：利益を出すことの根本には信頼関係がなくてはいけない、ということですね。

佐藤：「いい会社」というのは、社員一人ひとりが働く幸せを感じた上で、目的を共有できる場所のことを言うのです。価値観が合う人たちが集まったサークルのような人間関係も、相互理解を蔑《ないがし》ろにして売り上げだけを追い求める人間関係も、理想的な会社を作る上ではマイナスに働くことでしょう。

シマオ：友達でもいけないし、数字人間でもいけない、ってことか。

佐藤：英語で会社のことをcompany（カンパニー）と言いますね。この単語はもともと「仲間」という意味です。それはラテン語の「com（共に）」と「panis（パン）」から来ているもので、要は共にパンを食べる仲間ということです。

シマオ：それがなぜ会社という意味に？

佐藤：現代で一般的な株式会社の形態が生まれたのは、大航海時代のことでした。ヨーロッパからインド、アジアへの航海は当時はまだ危険も多く、失敗すれば船や人、多額のお金を失うリスクがあります。そのリスク分散のために多くの人から少額の出資を募ったのが、株式会社の始まりとされます。

そして、この船の乗組員を「カンパニー」と呼んでいたことから、次第に会社のことも意味するようになったのですよ。

シマオ：なるほど。僕たちは会社の乗組員ってことか。

摩擦の極小化に注力せよ

シマオ：会社の人間関係の考え方は理解できたんですが、苦手な人と同じプロジェクトとかになっちゃったら、具体的にどう行動すればいいですかね？

佐藤：**人間関係の悩みは人と接触するから生まれるものです。**中学の理科の授業で習ったと思いますが、摩擦というのは接することで発生しますよね。何かと何かが触れ合うと、そこに摩擦が発生する。車のブレーキは摩擦を使って車輪を止めますが、ブレーキは非常に熱くなりますし、またタオルで肌をこすれば、皮膚は痛くなります。

シマオ：はい。

佐藤：人間関係も同様に考えられます。人と人は接触すると、そこに摩擦が生まれ、何らかの影響を及ぼします。それはいい方に転ぶこともあり、悪い方に傾くこともある。悪い方に傾いたものが、その後、軋轢や衝突、不調和へと変容するのです。

シマオ：いい摩擦も悪い摩擦もある、か。

佐藤：『嫌われる勇気』というベストセラーで再注目された心理学者のアルフレッド・アドラー（1870－1937）は「**あらゆる悩みは対人関係の悩みだ**」と言っています。著者の岸見一郎先生によれば、そうした対人関係の悩みを解決するための方法として、「課題の分離」ということをアドラーは主張していると言います。

シマオ：課題の分離？

佐藤：**ある選択をしたとして、その責任を追うのは最終的に誰なのか、を見極めるということです。**それが他人の課題なのであれば自分は介入しない。そして、自分の課題なのであれば他人を絶対に介入させてはなりません。

例えば、結婚には親や親戚が介入しがちですが、究極的には当人同士の問題です。であるならば、親を大切に思うことと、自分の結婚に口を出してくることとは切り離して考えなければなりません。それが摩擦を避けるということです。

シマオ：摩擦を避ける、って無視しろってことですか？

佐藤：別に無視をしろと言っているわけではないですよ。メールだけですむ人とは顔を合わせず、必要最低限の挨拶でやり取りする。仕事に関係ないことには首を突っ込まない。

つまり、仕事の内容だけを追い、他は無関心でいる、ということです。

シマオ：無関心でいれたらいいんですけど。

佐藤：無関心でいれますよ。会社とは仕事をする場所です。何度も言いますけれど、会社の目的とは利益の追求。そこだけに集中できたら、人間関係は二の次です。

人間関係のもつれは共同体で解決せよ

佐藤：摩擦回避のための具体策はもう一つあります。組織の中で円滑な信頼関係を築くために必要なのが「グループ」を作ることです。

シマオ：グループというのは、部署とかとは違うんでしょうか？

佐藤：はい。派閥・グループというのは、公式な組織構成（会社なら部や課など）とは別枠のところで、共通の目的や利害を持った人たちの集まりのこと。これは自然発生的に生まれるものなんです。

シマオ：自然発生的に？

佐藤：組織はたとえれば一つの大きな生命体、すなわち有機体です。私たちの体の中に心臓や肺といった臓器があるように、組織の中の各部署はそれぞれの働きをしています。ただし、それぞれの臓器や部署はバラバラに動いているわけではなく、状況に応じて互いに補い合いながら「有機的」に働いているんです。

利害関係でまとまると……
スイスイ
スイスイ
対立は部署を越えた「派閥＝グループ」で解決しましょう

シマオ：すいません……。ちょっと例えが難しすぎて、よく分かりません。

佐藤：組織の内部では、しばしば対立が起きます。部署間の利害の不一致などですね。組織を一つの生命体と見た時、それは望ましくありません。その際に、全体がうまくまとまるように作用するのがグループの役割です。

シマオ：グループが対立を少なくする？

佐藤：はい。**グループによって、組織内部のコンフリクト（摩擦）が極小化される**わけです。

シマオ：つまり、**より大きな目的のために、小さな対立を解消するのがグループの役割**

だってことですよね。

佐藤：まさにそうです。一つの目的、利益を極大化するために、小さな意見のぶつかり合いは調整されます。人と人の間に共通の目的があり、メンバー全員がその方向を見ている状況だと、対立が表面化しないという効果があるんです。

組織の本質とは〝善〟にある

佐藤：ところで先ほどシマオ君が「大きな目的」と言ったのは、組織の本質をついています。

古代ギリシアの哲学者、アリストテレスは、私たち人間は何か大きな目的のために「群れ」をつくる動物であると言っているんです。

シマオ：おお、僕、いいこと言いました？　って、アリストテレスって、誰でしたっけ……？

【アリストテレス】（前384〜前322）

古代ギリシャの哲学者。ソクラテス、プラトンとともに西洋最大の哲学者の一人とされる。アテナイのアカデメイアでプラトンに学び、アレクサンドロス大王の家庭教師も務める。論理学、詩学、形而上学、倫理学、政治学から自然学に至るまで、あらゆる分野で今日につながる学問体系を構築した。有名な三段論法（例：AならばB、BならばCが成り立つなら、AならばCが成り立つ）も、アリストテレスによって定式化されたものである。

佐藤：アリストテレスは歴史上最も優れた哲学者の一人ですが、著書『政治学』で、「**人間はその本性において〝ポリス〟的動物である**」という定義を掲げたんです。

シマオ：ポリス？

佐藤：**ポリスというのは、古代ギリシャにおいて高度な自治を獲得していた都市国家（アテネなど）のこと。**アリストテレスは、この国家という存在を「**人間の最**

高の善を目指している共同体」と考えていたんです。

シマオ：最高の善？

佐藤：そう。人間は自分たちが〝善《よ》い〟と思うことのために思考し、行動する動物です。ですから、その人間が形成する共同体は、すべて何かしらの〝善〟を目指してつくられている、とされているんです。分かりますか？

シマオ：何となく……。でも、「善い」というのはどういうことなんでしょう？　法律に反せず道徳的ってことですか？

佐藤：いい質問ですね。アリストテレスは『ニコマコス倫理学』の中で「善い」とは何かということについて一から考察しているんですよ。

シマオ：どんなふうにですか？

佐藤：アリストテレスはまず、「善」といってもいろいろな種類があるよね、というところから始めています。医術における善と戦争における善は違うだろうと。

シマオ：確かに、医術は人を助けることがいいことですし、戦争は逆に人を倒すことがいいことですもんね。

佐藤：でも、そこには共通することがあります。それが「～のため」ということ、つまり「目的」です。「目的」というのも、やはりいろいろな種類があるよね、とアリストテレスは考察していくのですが、善の中でも「最高善」と呼ばれるべきものは、それよりも「より善い」ものがなく、ただそれだけで完結するような目的でなければならないと考えました。

そして、これこそが、「幸福」であるという結論に達したのです。

シマオ：何だか、壮大すぎてちょっとイメージが難しい……。「幸福」っていうのは、前に教えていただいた「豊かさ」と同じような感じですか？

佐藤：そこは深く考えていくと難しい問題ですね。アリストテレスは「徳（アレテー）」などの概念を使って考察を進めていくのですが、全部追っていくと長くなるので端折《はしょ》りましょう。今はざっくり「人間らしい生き方をできること」ということで理解しておいてください。

シマオ：はい。

佐藤：まとめると、すべての人間の活動は「より善く生きること」、すなわち幸福と

いう最高善のためのものです。その結果、人は群れを作り、そのグループが最終的にポリス（国家）という形態になった。

だから、国家のあるべき姿を考えるのは、人間の幸せにつながる、というのがアリストテレスの考えなんです。

シマオ：ふむふむ。

佐藤：アリストテレスの時代と現代とは社会が大きく違いますから、ここで言う「ポリス」を必ずしも現代の「国家」だと捉える必要はありません。

人はなぜ群れるのか。それは人間が善、すなわち幸せに近づくための、人間の本質的な行動であるからなんです。

シマオ：グループが自然発生するのも、僕たちが本能的に善いことをしたいと思っているから、ということですね。

佐藤：はい。ですから人間関係に悩むことは多いでしょうが、組織やグループの中で仕事することは、決して苦しいだけのものではないんですよ。

シマオ：なるほど。佐藤さんは昔からそんな合理的な考えができてたんですか？

佐藤：仕事上の付き合いで言うと、私の場合はものすごくドライでしたし、人間関係よりも、自分がすべきことで頭はいっぱいでした。私が職場の人間関係であまり悩まなかったのは、自分の目的がはっきりしていたからかもしれません。多くの人は、同僚や上司や出世など、いろいろな方向に目を向けすぎです。

会社は仕事をするところです。仕事の目的、目標、好きなこと。これがはっきり見えたら、人間関係の悩みとは折り合いがつくと思いますよ。

仕事は「友情」ではなく「信頼」を積む

「人から嫌われているんじゃないか」と悩む人は多いかと思います。しかし、本来人間は他者とは完全には「分かり合えない」生き物。あなたのことを好きになる人もいれば、そうでない人もいる。これは当たり前のことですから悩む必要はありません。苦手な同僚や上司がいても、「自分と合わない人がたまたま仕事で一緒になったんだな」程度に受け止め、仕事の目的を共有するだけの「信頼関係」を築けばよいのです。

しかし、どれだけ割り切っても、苦手な人と一緒に行動するのは苦痛を伴うもの。その場合は、その人との接触を最小限度に抑え、自分が合う共同体を形成しておきましょう。共同体、すなわち派閥やグループは、苦手な人との摩擦を回避したり、部署どうしの利害対立の摩擦を極小化する働きがあるのです。上司とのタテの関係に悩んだら、ナナメ上など、別の角度の関係を利用してみてください。

人間とは本来「より善く生きる」生き物であり、そのために共同体を作るのだとアリストテレスは言います。会社を「利益＝善」とし活動していく組織だと考えると、組織の中で仕事をするのは、その組織を構成する人間の幸せにつながります。人間関係で悩むことがあっても、「摩擦の回避」「共同体の有効利用」を用い本来の目的に集中することで、幸せに働くことができると思います。

第3章

仕事の哲学

やりがいとは何か

人間関係の悩みも晴れ、僕は気持ちを新たに仕事に打ち込もうとしていた。だけど、どうにもやる気が起きない……というか、やりがいが感じられないのだ。

そもそも、この会社に入ったのは、何となく雰囲気が良さそうだな、と思ったからだけだ。まあ、就職試験に落ちてばっかりの僕を唯一拾ってくれたということもあるんだけど。

そんな僕に「やりたい仕事」なんてあるはずもない。

もちろん、入社してから与えられた仕事は一生懸命やってきたつもりだ。とはいえ、若いうちはそれほど大きな責任を持った仕事は任せてもらえない。自分が本当に社会の役に立っているのか考えると疑問だ……。次第に僕は、「もっとやりがいのある仕事」がどこかにあるんじゃないかとモヤモヤするようになっていた。

仕事とは利益と大義名分の連立方程式

シマオ：佐藤さん、この前はありがとうございました。人間関係を考えすぎないようにしたら、会社に行くのが急に楽になりました！

佐藤：それは良かったです。

シマオ：そこで、人間関係には悩まなくなったんですが、今日は別のわだかまりというか、働く意味をもうちょっと考えたくてきました。

佐藤：どうしました？

シマオ：最近、災害も多いし、いつ何が起こるか分からない世の中じゃないですか。明日死ぬかもって考えたら、もっとやりたいことをやるべきじゃないか、とか思っちゃうんですよね。

佐藤：やりたいこと、何ですか？

シマオ：いや、特にこれといったことはないんですが。例えば、もっと社会貢献できる仕事とか、人に必要とされている仕事の方が、「やりがい」が感じられるのかなって。

佐藤：そのように考えてしまうのは、よく分かります。ただ厳しいことを言えば、その発言自体がいわば、余裕のある人だと思います。

シマオ：余裕……？　僕、まったく余裕なんかないですけど。給料だって安いし……。

佐藤：シマオ君は、今、リモートワークが多いと言ってましたよね。

シマオ：はい。一人でいる時間が多くなって。だからこそ、社会の中で何かためになることしなきゃいけないんじゃ、って考える時間が増えました。

佐藤：それは恵まれた発想ですね。リモートワークなんてしたくても、できない人がいる。このことは、そこに格差があるということをきちんと認識するべきですよ。

シマオ：贅沢な悩みでしょうか？

佐藤：シマオ君が陥っているのは、一言でいえば**「災害ユートピア」**の発想です。

シマオ：災害ユートピア？　それは何でしょうか。

佐藤：シマオ君は、2011年の東日本大震災の時はもう働いていましたか？

シマオ：いえ。あの時はまだ学生でした。

佐藤：震災が起きて、津波や原発事故で多くの被害が出て、価値観が根底から揺さぶられました。その結果、今のシマオ君と同じように「自分のやっていることに意味があるんだろうか」と考えて、直接的に人助けをしたり、社会貢献をするNPOへの転職を考える人がたくさん現れたんですよ。

シマオ：その気持ち、すごくよく分かります！　社会がこんなに大変なことになっているんだから、自分にも何かしなければいけないんじゃないかって……。それって悪いことじゃないですよね？

佐藤：もちろん、「悪い」とは言えません。ただ、一時の熱に浮かされてそのような道を選んでも、継続することはとても難しいことです。**ボラン**

ティアであれば一時の助けで構いませんが、社会貢献を仕事とするということは、継続性が必要です。継続するということは、それによってお金が回る仕組みを作るということです。

シマオ：でも、ＮＰＯって「非営利」。お金を稼いじゃいけないんですよね。

佐藤：確かにＮＰＯは株式会社などと違って、利潤を追求することを目的とはしていません。ただ、勘違いしないでほしいのですが、ＮＰＯは利益を得たらいけないということではないんですよ。構成員に利益を分配してはいけないというだけなんです。

シマオ：へえ、そうなんですね。

佐藤：だから、ＮＰＯだってスポンサーに資金を募ったり、社会貢献とは別の所で利益を得たりして、自分たちの活動を拡大させていくんです。その意味では、やはり何をするにしても資本主義社会で貢献するには営利の獲得が必要になってくるんです。

シマオ：ただ社会の役に立ちたい、というだけではダメだと……。「ユートピア」っていうのはそういう意味なんですね。

佐藤：大義名分だけでは食べてはいけません。**仕事は、個別の利益と大義名分の連立方程式です。そこはシビアに考える必要があると思いますよ。**

夢は「複線的」に見よ

シマオ：じゃあ、やりたいことを仕事にするなんて、やっぱり甘い考えだってことでしょうか……。

佐藤：いいえ、矛盾するように聞こえるかもしれないけれど、**本当にやりたいことであれば絶対に食べていくことができます。**

私が大学に進学する際に、キリスト教神学を勉強しようと決めたのですが、さすがに神学で食べていくことができるか不安で、高校の倫理の先生に聞いたことがあるんです。

「神学という、やりたいことだけをやっていったら、食べていくことはできませんよね？」って。

シマオ：先生の答えは？

佐藤：先生は**「私は今までの人生で、本当にやりたいことをやっていて食べていけないっていう人を一人も見たことがありません」**と答えました。その先生は東大の大学院まで行って倫理学を研究した方だったのですが、「私は教えることが本当にやりたいことだったから、高校の教師をしているのは幸せだ」とおっしゃっていましたね。

シマオ：素敵な先生ですね。

佐藤：重要なのは、「本当にやりたいこと」を見極めることです。多くの人は、中途半端にやりたいことでしかないから、すぐ諦めてしまうのではないでしょうか。

例えばサッカーが好きなら、選手として以外にも、スポーツ医学で関わったり、新聞記者として取材したり、広告代理店やスポンサー企業として関わったり、というように多様な方法があるはずです。

シマオ：本当にやりたいことであれば、どんな方法でも追い続けられるし、多角的に関われるということかですね。

佐藤：そういうことです。現在のJリーグチェアマンである村井満さんは高校の同級生なのですが、彼は高校時代からサッカー部でした。でも、浦和高校のサッカー部では、プロの選手になることは難しい。だから、彼は大学を出てリクルートに勤めたんです。そこで実績を残して、Jリーグに運営幹部として携わることになりました。

シマオ：高校の夢を、違う形で叶えた、と。

佐藤：はい。重要なのは、**自分のやりたいことと、得意なことで利益を追求することの掛け合わせで、上手くバランスを取ることです。**もちろん、やりたいことを重視すれば給料は少なくなるかもしれない。**しかし自分の時間を、好きなことに費やせることができれば、それは折り合いがつけられるはずです。**時間は有限です。どう使うかはその人次第ですよ。

シマオ：本当にやりたいことがあれば、入口は一つではないということですね。でも、やりたいことがあって、そこに向かって進んだとしても、災害や疫病流行みたいに、世の中そのものが変わってしまうこともあるかと。その場合は、さすがに諦めるしかないのでしょうか？

佐藤：複線的に夢を見ることができれば、やりたい仕事は自《おの》ずと見つけられます。航空業界の接客業であれば、その職業のどんな要素に惹かれているのか。お客さんへのサービスが好きなのか、外国に行くのが好きなのか、英語を話したいのか。自分が感じたその仕事の魅力を、細かく要素分解することが必要です。

シマオ：「複線的に夢を見る」かぁ。確かに、学生の時はつい「これじゃなきゃ」って思ってしまいがちですものね。でもどんな方向からも、自分のやりたいことには近づけるってことか。

佐藤：自分の意志さえはっきりしていたら、行きたかった会社の採用がなくなろうが、その業界が縮小傾向にあろうが、うろたえる必要はないんです。

しかし「どこどこの会社に入りたい、誰々がいる会社に入りたい」というように、企業ブランドや他者の存在を将来の目標にすると、予想外の事態が起きた時に、何を頼りにすべきか分からなくなります。

社会というものは常に変わりゆくもの。何一つ確かなものなんてないのが通常なんだ、ということをいつも意識しておくことが重要ですよ。

シマオ：確かなものはない……。そう聞くと、なんだか不安です。

佐藤：ただ、日本人は比較的そういう不安定な状態に対応しやすい精神性を持っているのではないかと思いますよ。

シマオ：どうしてですか？

佐藤：確かなものがないというのは、まさに「諸行無常」だということです。

シマオ：お釈迦様が言ったことですね。

佐藤：はい。世の中は常に変化しているものだから、現在の幸不幸にかかずらうことは意味がないということです。すべてのことは「縁起」。つまり他の物ごととの関係の中で生まれたり滅んだりするというのが、仏教の根本にある考え方なんです。

私自身はキリスト教を信じていますが、こうした諸行無常の考え方は、一神

教的なヨーロッパの考え方に対して、危機の時代を生きていく上での現代人の実感に近いと言えるかもしれませんね。

夢を見極めるプラグマティズムの考え

佐藤：それはそうと、自分の夢は何かとばかり考えて、行動に移せない人がいますよね。

シマオ：僕もその一人です……。

佐藤：そんな人はまず動いて見ることが肝要だと思います。

シマオ：動いてみる、か。

佐藤：はい。その際に役立つのが「プラグマティズム」という考え方です。

シマオ：プラグマティズム？

佐藤：哲学の世界では、実用主義や実際主義などと訳されることもあります。簡単に言えば、「自分にとって役に立つかどうか」で物ごとを判断するという考え方です。

シマオ：ふむふむ。

佐藤：例えば、私は現在7匹の猫を飼っています。

シマオ：今、7匹も!?

佐藤：タマ、シマ、ミケ、チビ、そしてショウ……。

シマオ：他の2匹の名前は何ですか？

佐藤：アオ、ホルという名前は一応あるんですけどね、呼んでも反応しないんですよ。

シマオ：自分の名前が分からないんですか？

佐藤：いや、分からないのではないと思います。猫はみんな頭がいいですから。私が思うに、この2匹はプラグマティストすなわちプラグマティズムという思想の持ち主なんですよ。

シマオ：ど、どういうことですか？

佐藤：この2匹は、私の呼びかけに反応しても意味がないと考えているんです。現実に意味がないものには価値を認めない。だから人間に対して余計な愛想を振ら

ないのでしょう。それがプラグマティストだということです。

シマオ：それが「実用主義」？

佐藤：最近はそのように使われることも多いですが、本来はもう少し膨らみのある言葉です。

哲学は歴史的に、「真理」と呼ばれるものを探求する学問でした。例えば「善とは何か」という問いに対して唯一の正しい答えがあると考えて、それを探究してきたわけです。

シマオ：哲学の話題って抽象的で難しいなあ。分かりやすく教えてほしいです！

佐藤：19世紀後半に、アメリカの哲学者

チャールズ・サンダース・パースは、**そういう真理はただ一つに定まるのではなく、私たちが行動するに当たって、役に立つかどうかで判断されるべきだ。なぜならば私たちはいつだって間違える可能性があるのだから、**と考えたのです。

例えば、神様がいるかどうか、哲学や科学に証明できると思いますか？

シマオ：いや、信じる人にとっては「神様はいる」でしょうが、そうでない人を納得させるような証明は難しいんじゃないでしょうか。

佐藤：その通りです。パースと同時期の哲学者ウィリアム・ジェイムズは、**神様がいるかどうかを証明することはできない。けれども、神様の存在を信じることで、より善く生きられる人がいるなら、「神」という概念は有用である。それでいいじゃないか、**と言うのです。これがプラグマティズムの考え方です。

シマオ：なるほど……。それ自体は分かるような気がするのですが、それと「夢」が何の関係があるんでしょうか？

佐藤：先ほど、「夢とは何か」を考えて動けない人がいるという話がありましたね。

正しい夢が一つに決まると考えているのが、まさに真理を見極めようとする姿勢と重なります。それよりも、**何かやってみて、それによって人生が少しでも良くなったのだったら、それはその人にとって「夢」であり「やるべきこと」だったと考えてみたら良いのではないでしょうか。**

シマオ：やってみて、その結果次第で決めればいい、か。それ、いいですね！

未来を予見するには、前提を疑え

シマオ：とりあえず動くべし、とは理解できました。だけど、動くとなったら、できるだけ失敗はしたくないな、って思っちゃいます。世の中の変化を見通して、先を読むためのコツとかってあるんですか？

佐藤：未来を予想することは誰もできません。だからこそ、変化の方向性を見極めることです。**大きな変化の前には予兆、すなわちより小さな変化があります。それを見るためには、自分が前提だと思っていることを疑ってかかることです。**

シマオ：前提を疑う？

佐藤：考え方のヒントとなるデカルトの思想を一つ紹介しましょう。

シマオ：デカルト？　あ、名前だけは聞いたことがあるな。

佐藤：デカルトは「近代哲学の父」とも呼ばれ、**「人間は理性によってこの世界を認識している」**という、その後の哲学の基礎となる思想を初めて論理的に説明した哲学者です。

シマオ：ううう……。まったく分かりません。

佐藤：まあ、ここはそこまで深く理解できなくとも構いません。デカルトの有名な言葉に**「我、思う。故に、我あり」**というものがあります。

シマオ：あの有名な！

佐藤：世の中には、正しく考えられる人もいれば、間違って考えてしまう人もいるのはなぜだと思いますか？

シマオ：え、頭の良し悪しじゃないんでしょうか。

佐藤：いいえ。デカルトは、人間はみんな同じだけの「悟性（知性）」を持っていると考えます。違うのはその使い方だと。そして彼は、**「今までの学者たちはちゃんとした知性の使い方をしてこなかったのではないか」**と疑うわけです。**さまざまな学問において本などに書かれて説明されていることには何か誤りがあるかもしれない。それを一つ一つ剥がしていこう**としたんです。

シマオ：疑り深い性格ですね。

佐藤：はい。そうやって疑って疑って疑った先に、一つだけ確実だと言えることがある。それが**「いまそのように考えている私」**だというのです。**すべての学問はそこから出発して一歩一歩積み上げていかなければならない。**これこそがデカルトが提示した**「方法的懐疑」**という手法です。

シマオ：も、もう少しくだいて教えて下さい！

佐藤：簡単に言えば、

一、一切の前提を疑って、これは確かだと言えるものを見つけ出すこと

二、その確かなものから、一歩一歩確実に思考を進めること

と考えることが重要であるとしたのです。

【ルネ・デカルト】（1596－1650）

フランスの哲学者・数学者。方法的懐疑の手法によって、真理の探求の基礎に人間の意識があるということを主張し、近代哲学への道を開いた。「書物による学問を捨て、世界という大きな書物に学ぶ」としてヨーロッパを遍歴しながら思索を磨いた。『方法序説』『哲学原理』『省察』などの著作がある。

シマオ：え〜と、え〜と、ものすごくシンプルに言うと思い込みから抜け出せ、ということですかね。

佐藤：そうです。世の中を目を凝らしてみれば、「確実なこと」が見えてくる、ということです。

例えば、毎日歩いている商店街をよく観察してみてください。その中の飲食店が閉店しているのを見たら、それがなぜかと考えてみるんです。

単にそのお店が悪かったのか、場所の問題か、それとも新型コロナみたいに大きな社会現象によるものなのか。そのお店がチェーン店だとしたら、企業戦略としてどこに向かおうとしているのか。そのお店は本当にこの世界に必要とされているのか。

未来を見る目はそうやって、「本当に確かなもの」、本質を見抜くところから始まるのです。

シマオ：なるほど。**先を予見するには、世の中の当たり前に「なぜ？」と疑問を投げかけることが大切なんですね。**

一番の社会貢献は、もう誰もが行っている

シマオ：「人のためになること」なんて、軽く言ってしまって恥ずかしいです。何が自分で本当にやりたいのか、どの業種が必要となるのかをよく見極めたいと思います。

佐藤：はい。資本主義社会で働く以上、労働者の自己実現は企業の営利の追求があっ

て初めて成り立つのも事実です。
　やりたいことができたり、社会の役に立っているからといって、会社がずっと赤字だったらどうなりますか？

シマオ：経済的にも精神的にも疲弊しますよね。

佐藤：そうです。**この世の中にある仕事はすべて求められているから、人のためになっているからこそ、残っているのです。**
　資本主義の市場原理の中では、不必要な仕事は淘汰されます。ですから、**シマオ君が「誰のためになっているか分からない」と思っている仕事でも、必ず誰かの仕事にはなっているのですよ。**

シマオ：僕の仕事は社会貢献になっている……か。

佐藤：資本主義において、一番の社会貢献は何だと思います？

シマオ：え？　国連？　とか？

佐藤：**一番の社会貢献は「納税」です。**そして税金を納めるということはどういうことでしょうか。

シマオ：えっと、お金を稼ぐということですね。

佐藤：はい。そうして納められた税金は、今度は福祉などを通して再分配される。**これが資本主義・民主主義での福祉国家の役割です。**つまり、**働くということはすでにして「利他」の精神に適《かな》ったものだ、ということを忘れないでください。**社会の役に立たない仕事なんてないんですよ。

シマオ：そう考えると無理に社会の役に立とうと思わなくてもいいから、楽になりますね。でも、それはたくさん納税した人の方がより社会の役に立っているということになるんですか？

佐藤：そこは切り分けて考えるべきでしょう。**各人が置かれた環境の中でまっとうに働いて納税の義務を果たしていれば、そこに優劣はありません。**逆に、株などで儲けた人を「不労所得」などと貶《けな》す人を見ますが、彼らは稼いだ分だけ多く納税してくれているのですから、私たちにとってありがたい存在だということです。

シマオ：でも、肝心の税金がちゃんと使われているかという問題はまた別にありますね。

佐藤：それは政治の役割です。ですから私たちは選挙を通してより良い仕組みになるようにしていく必要があるのです。

「天職」はあるのか？

シマオ：社会貢献をしたい、なんて、もう軽くは言いませんが、僕にも「天職」とかあると思いますか？

佐藤：あります。しかし何が「天職」であるかが分かるまでには時間がかかります。

シマオ：時間がかかるのか……。

佐藤：そもそも「天職」とはどのような意味なのか考えたことはありますか？

シマオ：え、自分に合った、やりがいのある仕事？　ですかね？

佐藤：「天職」という言葉を考える上で有益となる、ある社会学者の話があります。

ドイツの社会学者マックス・ウェーバーは、『職業としての学問』という本を書いたのですが、そのタイトルの**「職業（仕事）」はドイツ語で「Beruf」**となっています。

実はこの **「Beruf」はドイツ語で「天職」とも訳されているんです。**

優れた研究者でも
それだけで食べて
いけるのは「運」次第

【マックス・ウェーバー】（1864－1920）
ドイツの社会科学者、思想家。法学、政治学、経済学、社会学、宗教学、歴史学などの分野で抜群の業績を残した。資本主義や官僚機構など、近代国家の仕組みに関しての考察で知られる。

シマオ：ドイツ語では「職業」＝「天職」と訳される？

佐藤：はい。そもそも、やるべき仕事のことをどうして「天」職と呼ぶのか。ここで、キリスト教における「職業」の考え方をお話ししましょう。

ウェーバーは『プロテスタンティズムの倫理と資本主義の精神』という有名

な本の中で、**なぜ、プロテスタントの社会から資本主義という形態が生まれたのか**を分析しています。

シマオ：プロテスタントってキリスト教の宗派みたいなものですよね？

佐藤：はい。ローマ教会を中心としたカトリックの腐敗に抗議して、ルターらが宗教改革を起こしました。それで分かれたのがプロテスタントです。

シマオ：プロテスタントが新しい方ですね。

佐藤：そうですね。キリスト教にとって仕事をして稼ぐことは悪と思われてきました。キリスト教では「禁欲」を是としますからね。

シマオ：清貧こそ善、というイメージです。

佐藤：はい。しかし、プロテスタント（正確にはカルヴァン派）の人たちはそう考えませんでした。その理由を、ウェーバーは次のように説明します。

”

富が危険なものとみなされるのは、怠惰な休息や罪深い生活の享受の誘惑となる場合だけなのである。そして富の追究が危険なものとみなされるのは、将来を心配なしに安楽に暮らすことを目的とする場合だけである。**職業の義務を遂行することによって富を獲得することは、道徳的に許されているだけではなく、まさに命じられているのである。**

（中山元訳、日経ＢＰクラシックス）

シマオ：職業の義務を追求？

佐藤：簡単に言うと、

神様が「ちゃんと働きなさい」と言っている↓働いた結果として、お金が貯まってしまう↓禁欲だから稼いでしまったお金は、自分のためには使えない↓お金はどんどん貯まってしまう↓どうすべきか……

ということです。富を自分のためだけに貯めることも悪とされているので、人は自分の利益以外の何かに使わなくてはいけない。シマオ君ならどうしますか？

シマオ：えっと……寄付？

佐藤：惜しいですね。「投資」です。「投資」が繰り返されることで「資本」が生まれた、とウェーバーは考えたのです。

シマオ：なるほど！　それが「職業の義務を遂行する」という意味なんですね。

佐藤：はい。投資は資本主義を回すために必要なことです。資本主義が生まれた背景には、稼いだお金を自分のために使ってしまわずに、さらなる投資へ回し、世の中を良くしていきなさいという神様の教えがあったというのが、ウェーバーが解き明かしたことなのです。

シマオ：そうか。自分が金持ちになるためにではなく、世の中を回していくために稼ぐと考えると、元々資本主義は「世のため人のため」っていう要素があったんですね。

佐藤：そうです。そこで先程の「Beruf」に戻りましょう。この言葉には「召命」、神様の思《おぼ》し召しという意味もあります。英語だと「calling」。ですから、職業とは、

神様の呼ぶ声に従って行うことが仕事である、ということです。

シマオ：そこで最初の「職業」＝「天職」につながるんですね！

佐藤：はい。ですから、天職というものは、最初からはっきりと見えているものではなく、どこか啓示のようなものなのかもしれません。

天職を手に入れるのは運次第

佐藤：しかし何が「天職」であるか具体化することはとても難しいことです。ウェーバーほどの大学者でさえも、学問を仕事にするというのはまさに「賭博」みたいなものだと言っているのです。

シマオ：賭博？

佐藤：研究というのは、専門を極める作業的な要素と、重要な問題を思いつくインスピレーションの両方が不可欠です。その思いつきは、自分の努力ではどうにもならないサイコロ賭博みたいなものだと、ウェーバーは考えます。

シマオ：頭が良ければいいってものではないんですね。

佐藤：仮に世に問うべき研究ができたとしても、そこから大学に採用されるのはさらに狭き門です。何といっても採用するのは他人ですし、研究者としての能力があっても、教育者としての能力がなければ大学教員にはなれないからです。

シマオ：今の日本でも、博士号は取ったけど就職できない人がたくさんいますもんね。

佐藤：それでも学問を職業として真理を追究しようとする人たちによって、私たちの社会は支えられている。このことは、学問だけでなく私たちの仕事全般に言えることではないでしょうか。

シマオ：と言いますと？

佐藤：やりたいこと、好きなことを仕事にするためには、絶えず研鑽を積むこと、またそこから真理を閃くことの2つの運が必要です。しかし、どれだけ必死に仕事に打ち込んでいても、その運を手にできるかは分からないのです。

シマオ：けんもほろろって感じですが、確かにそうですね。

佐藤：ですから、やりがいや自己実現を100％達成することはそもそも困難なこません。**と、という認識が必要です。**しかし決して諦めろと言っているわけではありません。**人生とは、さまざまな「変数」を含んだ連立方程式のようなものです。**やりがいと稼ぎの連立方程式の解は一つではなく複数あるとした上で、それを見つけ出す作業に没頭し楽しむことが「仕事のやりがい」なのではないでしょうか。

シマオ：やりがいと稼ぎの連立方程式。

佐藤：映画『男はつらいよ』で、寅さんの「労働者諸君！　稼ぐに追いつく貧乏なしか」というセリフがありましたが、あれはある意味、真理をついていると思いますよ。

シマオ：寅さん、見たことないんですが……何となく分かります。とりあえず真面目に働けば食べていけるってことですかね。

佐藤：はい。「やりたいことは何なのか？」と悩む前に、とりあえず目の前の仕事に全力で取り組んでみてください。その中から次第に天職が見つかってくるはずです。運はそれからです。

シマオ：やりがいかお金かの前に、とりあえず何かに集中しろ、と。

佐藤：私がデビュー作の『国家の罠――外務省のラスプーチンと呼ばれて』を出したのは、「外務省の同僚や部下に、私が取り組んでいた北方領土交渉と鈴木宗男さんの役割について真実を伝えたい」という想いからだけでした。あの時点で、職業作家になるとは夢にも思っていませんでした。

しかし、今になって振り返ると作家は天職だったのだと思います。天職は先に決めるものではなく、夢中で何かを追い求め、行動した後に分かるものなのかもしれません。

すべての仕事は人のためになっている

「もっと社会で役立つ仕事がしたい」。仕事のやりがいを求めて、そう思うこと自体はよいことですが、そこで立ち止まって「その仕事に継続性はあるか？」と一度、自分の心に問いかけてみてください。継続性とは、仕事として、組織を存続させる程度の利益を得られるということです。資本主義社会の中では、社会貢献をするにも、営利の獲得が不可欠です。仕事にはシビアな目が必要なのです。

では、やりたいことなんて諦めたほうがよいのかといえば、そんなことはありません。夢を叶えるのは簡単ではありませんが、本気であれば必ず食べていくことはできる。仕事を選ぶ時は、自分の好きなこと、やりたいことの要素を洗い出して、それを叶えるための方法を何通りも考えてみるとよいでしょう。それによって、一つの職業や会社に固執するのではなく、さまざまな可能性が見えてくるはずです。

中には、「自分の夢ややりたいことが分からない」と考えて、動き出せない人がいます。そういう人は「自分にとって役に立つことかどうか」という視点で動いてみてください。「やりたいこと」が見つかってから行動するのではなく、まずやってみて、自分や人のためになったのであれば、結果的にそれが「自分のやりたいこと＝天職」だったのだ、と考えてみる。そうすれば、新しい一歩を踏み出すことができるでしょう。

第4章

負の感情の哲学

ネガティブな思考は変えられるのか?

「はあ……。また、やってしまった」

金曜日、家に帰るなり、ため息交じりに独り言をつぶやいた。今週までに社内の稟議を通しておかなければいけなかった案件をすっかり忘れていたのだ。こんなことだから、同期はおろか後輩に抜かれてしまうんだ。この歳になって、事務処理もろくにできない僕って……。

堂々巡りする劣等感や自己嫌悪。この無限ループから抜け出すには、どうしたらいいんだろう?

佐藤さんだったら、今の僕を見て何と言うんだろう。

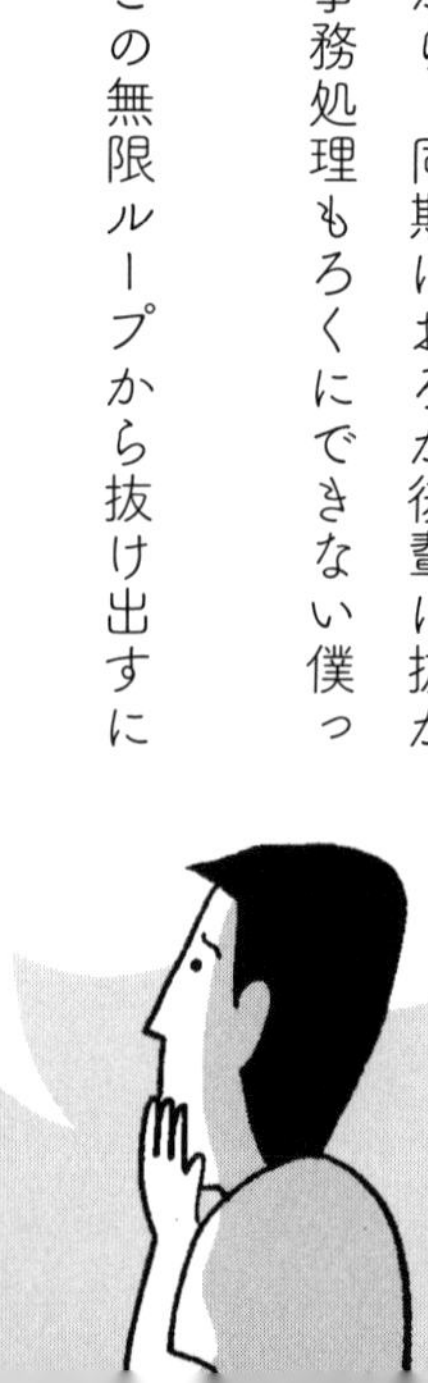

劣等感という言葉は、ロシア語にはない

シマオ：佐藤さんって悩んだり怒ったりしなさそうですよね……。感情をコントロールできて、うらやましいです。

佐藤：そんなこともないですよ。よく悩んでいるし、怒ることもあります。何かありましたか？

シマオ：はい。実は仕事で結構大きいミスをしてしまって、ちょっと落ち込んでいるんですよね。

佐藤：失敗は誰にでもあるものだから、次の仕事で取り返せばいいじゃないですか。

シマオ：そうなんですけど……。今の会社ももう10年。それなりに結果を出さないといけない歳なのに、何だか同じところでくすぶっている感じがして。周りで仕事できる人たちと自分を比較して落ち込む毎日です。だいたいデキる人たちは有名大学を出ているので、今更ですが学歴コンプレックスも感じてます。

佐藤：劣等感を感じてしまう、ということですね。

シマオ：そうです。「どうせ自分なんか」ってすぐ思っちゃうクセ、良くないとは分かっているんですけど……。

佐藤：**劣等感は一度抱いてしまうと、それを意識的に払拭するのは相当の努力が必要です。劣等感が積もると、今度は人の足を引っ張るという思考、すなわち嫉妬につながることもありますから。**

シマオ：佐藤さんも、劣等感を抱くことなんてあるんですか？

佐藤：もちろんありますよ。外務省にはとんでもなくロシア語ができる人がいましたから、そういう人には劣等感を覚えました。だから、通訳の分野でその人と勝負しても勝ちようがない。そこで優劣を気にするよりは、私は情報の分野で勝負しよう、と考えました。

シマオ：佐藤さんでも「ロシア語がもっと上手ければな」とか思うんですね。確かに外務省には優秀な人たちばかりいるイメージですが。

佐藤：そうですね。外務省キャリアの半数以上が東大卒ですし、専門職員（ノンキャリア）にも東大・京大卒がいます。でも、東大卒の人に対して劣等感を覚えたことはありませんよ。

シマオ：それはなんでなんですか？

佐藤：本当に頭がいいな、と思ったのは5人もいないくらい。まして、東大卒を鼻にかけるような人は間違いなく、彼らが思っているほど優秀ではありません。シマオ君もさっき、周りの人がいい大学出身だと言っていたけど、その人たちは本当に優秀なんでしょうか？

シマオ：えっ、そう言われてみると、優秀というよりは要領がいいだけの人もいるかも……。

佐藤：**人は簡単に肩書きや学歴にだまされます**。でも、学歴が幅を利かせていると思われている官庁でも、東大信仰なんてとっくの昔になくなっています。大企業のトップでも東大卒は少数派です。

学歴と実力は別物ですよ
甘いモノが別腹のように

シマオ：そうなんですね。

佐藤：受験を要領良くこなすだけの学力は、実際の仕事に直結しません。もちろん、学力があるに越したことはありませんが、重要なのは本質を見抜く思考力です。知識が足りなければ補えばいい。単なる学歴にコンプレックスを感じる必要はありませんよ。

結局、劣等感の最大の原因は、自分の力を過小評価していることなんですよ。

シマオ：自分の力っていっても、そんなに成功体験がないから……。このままで大丈夫なのか、不安なんですよね。だから、人と比べてしまうんです。

佐藤：ロシア語通訳者で作家の米原《よねはら》万里《まり》さんは、少女時代をソビエトの学校で過ごしました。彼女は『偉くない「私」が一番自由』という本の中で、「劣等感という言葉はロシア語でうまく表せない」と書いています。専門家が使うような特殊な表現になってしまう、と。

シマオ：へえ、ロシア人は劣等感を抱かないんでしょうか。

佐藤：ロシア人には妬みの感情は少ないように感じます。米原さんは**「それは人徳者**

だからではなく、自分と他人は違って当然だという思考習慣があるからだ」と言っています。

シマオ：違って当然……。

佐藤：劣等感は誰にでもあります。重要なのは、それとの付き合い方です。私の母校、同志社大学の創始者である新島襄《にいじまじょう》も、実は劣等生だったのですよ。

シマオ：へえ。意外です。

佐藤：新島が留学先のアマースト大学を卒業すると、普通はB.A.（Bachelor of Arts）という学位が取れます。ところが新島襄はB.S.（Bachelor of Science）でした。ギリシャ語とラテン語ができないから、「Arts」の学位が与えられなかったんです。

シマオ：厳しい……。

佐藤：でも、アメリカで劣等生だったからこそ、新島は後に同志社大学を創りました。

シマオ：どういうつながりが？

佐藤：アメリカ人学生と比べて、日本人学生の能力が低いわけではない。にもかかわらず、日本で受けてきた基礎教育に限界があるので、アメリカの大学で劣等生になってしまった。そういう自分の体験から、欧米の人たちと互角に渡り合うためには、日本に近代的な大学が必要である。新島襄はそんな想いを強く持つようになったのです。

シマオ：なるほど。

佐藤：そして、東大のような官僚養成を目的とする国立大学ではなく、英米型のリベラルアーツを重視する私立大学を創ったのです。別の見方をすれば、新島襄の「自由」と「良心」に立つ人間を養成するキリスト教主義教育を日本でも実現したい、という志は、自らの「劣等感」からの解放と関係するものだとも言えます。

シマオ：新島さんも、劣等感をバネにして活躍したということなんですね。

【新島襄】（1843－90）
上野国《こうずけのくに》安中藩の武士の家に生まれる。蘭学を学び、21歳の時にアメリカへ密航してキリスト教の洗礼を受けた。その後、岩倉使節団の渡米に通訳として同行。帰国後、アメリカで見た高等教育を日本で実現するため、同志社を設立した。妻は会津戦争に参戦したことで知られる新島八重。

嫉妬は悪魔のような感情

佐藤：働く上で私が危惧するのは、劣等感よりも嫉妬の感情です。

シマオ：えっ？　嫉妬？　確かに仕事で嫉妬する場面もあるけど、少しは仕方がないことですよね？

佐藤：シマオ君、嫉妬の定義とは何か知ってますか？

シマオ：妬むことですよね。

佐藤：はい。哲学者の三木清《みききよし》という人はドイツに留学してハイデガーの下で学んだ俊才なのですが、戦時中に治安維持法で捕まり獄死しています。その三木は次のように述べています。

”

もし私に人間の性の善であることを疑わせるものがあるとしたら、それは人間の心における嫉妬の存在である。嫉妬こそベーコンがいったように悪魔に最もふさわしい属性である。なぜなら嫉妬は狡猾に、闇の中で、善いものを害することに向って働くのが一般であるから。

（『人生論ノート』現代かな遣いに改めた）

嫉妬ほど不生産的な
情念の存在は知りません

【三木清】（1897−1945）

一高から京大へ進み西田幾多郎に哲学を学ぶ。ドイツへ留学し、リッケルトやハイデガーなど一流の哲学者に師事した。西田門下の京都学派の一人として哲学・評論などで活躍するが、1945年治安維持法違反の容疑者を匿《かくま》ったとして投獄され、終戦直後の9月に獄死した。ちなみに引用文中のベーコンとは、16−17世紀に活躍したイギリスの哲学者フランシス・ベーコンのこと。

シマオ：悪魔に最もふさわしい属性……。怖！

佐藤：**実際、仕事においての嫉妬はたちが悪いですよ。**私は外交官時代、霞が関の官僚や永田町の政治家たちを内側からよく観察してきました。そこで、いわゆるエリートと呼ばれている人たちが抱く嫉妬の恐ろしさを目の当たりにしました。

シマオ：おどろおどろしいことが起きていそうですよね。佐藤さんも被害にあったこと

があるんですか？

佐藤：正直なところ、私自身は嫉妬されるような立場にいたとは思いません。けれども、机の上のノートや手帳がなくなっていたということがありました。

シマオ：そんな幼稚な！

佐藤：そんなものです。**そもそも嫉妬は幼稚な感情です。この幼稚さが嫉妬の恐さです。嫉妬している人は、自分がそういう下劣な感情を抱いているとは思っていません。だから面倒なのです。**

シマオ：自分の幼稚さを自覚してない……。

暇な人ほど無自覚な嫉妬に苛《さいな》まれる

シマオ：そんな幼稚な感情を自分でコントロールする方法とかってあるんですか？

佐藤：**嫉妬している人というのは、自分が嫉妬しているとは感じていないものなんです。逆に「あの人が悪いから」と相手の欠点を見つけ出し、自分を正当化します。**

シマオ：タチが悪いですね。自分が嫉妬してしまっているかどうか気づく方法はあるんでしょうか？

佐藤：何でも言い合える友人に指摘してもらうしかないでしょうね。
嫉妬を理解する上で、いい小説があります。明治の文豪、夏目漱石の『それから』です。

シマオ：それなら学生の時に読んだ気がします。確か、友達の妻を奪ってしまう話でしたよね。

佐藤：主人公の代助は、漱石がよく小説の題材にしていた「高等遊民」です。つまり、学歴があって裕福な家から仕送りもあるから、働かなくても暮らしていける。当時は就職難の時代で、そういう人が結構いたんですね。頭が良くて暇ですから、社会とは何か、自分とは何かみたいなことを悶々と考えてしまうんです。

シマオ：人間、暇だとダメですね。

佐藤：一方、親友である平岡は、銀行に勤めて自力で生活しています。簡単に言えば、頭で考えてばかりいる人物と現実の生活を重視する人物が対比されています。

学生時代、2人がともに思いを寄せていた三千代という女性と平岡は結婚するのですが、それは代助の勧めによるものでした。その後、久しぶりに会った平岡は、トラブルが原因で銀行を退職し、お金に困っていました。三千代とも再会した代助は自分の恋心に気付き、平岡に三千代を譲って欲しいと頼むのです。

シマオ：自分で結婚を勧めておいて、後で奪うなんて意味が分からない。

佐藤：そう。**『それから』は不条理小説です。**実は、代助の嫉妬の感情は、三千代の件だけではなく、平岡の生き方に対してもあるんです。代助は働いていない。

にもかかわらず、銀行をトラブルで辞めざるを得なかった平岡に対して、終始上から目線です。これは生きる力を持った平岡に対する代助の嫉妬です。

シマオ：なるほど。そういう読み方ができるんですね。

佐藤：親友に裏切られたと知った平岡は、代助の父親に手紙ですべてを知らせます。父親は激怒して、結局、代助は家から勘当されてしまいます。

問題は、代助は自分が嫉妬しているということに気づいていない、というところにあるんです。

【夏目漱石】（1867－1916）

近代日本文学史随一の小説家・文学者。松山中学、五高等で英語を教え、英国に留学したが、留学中は極度の神経症に悩まされ帰国。その後、東大で教鞭をとりながら『吾輩は猫である』『坊っちゃん』『草枕』など次々と話題作を発表する一方で、胃腸炎と神経衰弱など体調不良に悩ませられ続ける。

シマオ：嫉妬に気づかなかったことが、悲劇につながったわけですね。

嫉妬を断ち切るために必要な「友」の価値

佐藤：そういう意味でも、きちんとそれを指摘してくれる友人は大切なんです。
　課報の世界は個人主義だと思われがちですが、私が付き合った情報の世界のエリートたちはみな**「最後に信用できるのは自分自身と親友だ」**と言っていましたよ。

シマオ：親友……か。

佐藤：イスラエルの諜報機関モサドで活躍したウォルフガング・ロッツという伝説的なスパイがいます。彼は**「友情というのは、相手の体重と同じ重さの黄金を払うだけの用意がなくてはならない」**と言っていました。
　つまり親友というのは、その人の体重と同じ重さの黄金と同等の価値があるということ。1グラムの金が7000円だとして、相手の体重が70キロなら

4億9000万円相当です。

シマオ：お金に換算すると一気に親友の価値の高さを実感します（笑）。

佐藤：とはいえ、指摘されたからといって妬みの感情は簡単に消せるものではありません。

「あなたの神、主であるわたしは、ねたむ神である」（出エジプト記）という言葉が旧約聖書にもあるくらい、人と嫉妬は切り離せない関係なのです。

シマオ：神様ですら嫉妬深いのなら、人間も嫉妬してしまうのは仕方ないですね。

佐藤：一方、ジェラシーという言葉の語源は zeal、つまり「熱意」という言葉と同じなんです。

シマオ：熱意？

佐藤：嫉妬の感情は、愛に近い熱意の源でもあるということです。私は嫉妬心が薄いと言いましたが、過去の優れた神学者の本を読むと、すごいなと思うと同時に、なぜこんなことが書けるのかと嫉妬することがありました。

シマオ：レベルの高い嫉妬です……！

佐藤：今、作家として表現活動をしているのは、その嫉妬を熱意に転換しているのだと言うこともできると思います。なので、嫉妬を感じたら、それをプラスのエネルギーに変換するような視点を持ってください。そのコントロールができるかできないかで、あなたのこれからの人生は大きく違ってきますよ。

嫉妬は悲しみから自分を守ろうとする心

シマオ：僕も嫉妬深くなるようなことがあったら、友達に一言言ってもらおう。

佐藤：一方で嫉妬心が希薄なのもおすすめしません。私も以前は、嫉妬心が希薄なことは良いことだと考えていました。でも、ある時それが間違いだったと気づかされたんです。

シマオ：なんで間違いなんですか？

佐藤：それは、鈴木宗男さんを見ていて分かったことなんです。鈴木さんは政治家にしては本当に珍しいほど嫉妬心がまったくない人なんです。

シマオ：へえ、そうなんですね？

佐藤：私の知る限り、政治の世界ほど嫉妬が渦巻く世界はありません。官僚の鉄則は、政治家の前では他の政治家を褒めても、けなしてもいけないというものです。でも、鈴木さんは他の政治家が褒められているのをただ感心し、聞いているだけでしたよ。

シマオ：いい人じゃないですか。

佐藤：しかし、嫉妬心が希薄ということは、他人からの嫉妬に鈍感であるということでもあるんです。私は、そのことが、後のいわゆる「宗男事件」で鈴木さんが逮捕される原因の一つだったと考えています。

シマオ：人のやっかみに気づかないので、足もとをすくわれてしまった……。

佐藤：そういうタイプの人は能力が高かったり、地位が高かったりする人に多いんです。外務省の欧州局長を務められた東郷和彦さんは、父（外務事務次官と駐米大使を歴任）も祖父（駐ソ連大使、外務大臣を歴任）も外交官という家系の出身です。彼は英語だけでなく、フランス語もロシア語もペラペラです。

シマオ：まさに、サラブレッドですね！

佐藤：東郷さんがある時に言っていたのですが、「本当は外交官でなくフランス文学の文芸批評をやりたかった。でも才能がないから、仕方なく外交官になった」と。

シマオ：仕方なく外交官……。一度でいいから、そんなこと言ってみたいです。

佐藤：しかし、そこには嫌味がまったくないんです。そんなこと、普通の人が聞いたら嫉妬するはずですが、当の本人はその感情が分からないので、周りの悪意に全然気づいていないわけです。

シマオ：嫉妬されないように気をつけることも大切なのか。

佐藤：そもそも**嫉妬というのは「同じくらいの立場」の人に向かうものなんです。**17世紀オランダの哲学者スピノザは次のように書いています。

”

いかなるものも、自分の同輩以外のものの徳を妬むことはない。

（スピノザ『エティカ』定理55系、工藤喜作、斎藤博訳、中公クラシックス）

自分と違って当然のものに対して、嫉妬は起こらない。スピノザは、樹木が高いからといってその樹木を妬むことはないし、ライオンが強いからといってそのライオンを妬むこともないと言います。

シマオ：そりゃそうですね。じゃあ、自分と似たような環境にいる人には気をつけなくちゃな。と言っても、僕が妬まれることはあまりないんですが……。

佐藤：スピノザによれば、妬みは悲しみの感情につながります。そして人間はその悲しみを取り除こうとする。その時に、自分の弱さは変えようがないから、「彼の同輩の活動を悪く解釈するか、あるいは自分の活動をできるだけ粉飾」（同書）してしまうのです。

シマオ：人を悪く言ったり、自分を強く見せたり……。それって悲しさから逃げるための自己防衛だったということですね。

【バールーフ・デ・スピノザ】（1632‐77）

オランダ生まれの哲学者。ユダヤ人であったが、1656年に破門されている。「神即自然」という「汎神論」と呼ばれる考え方を唱えたため、キリスト教会から「無神論」とみなされ危険思想として弾圧を受けた。レンズ磨きを生業としながら独自の哲学を構築した。著書に『エティカ』『デカルトの哲学原理』『神学・政治論』など。

自己嫌悪と自己愛は表裏一体

シマオ：嫉妬の矛先が他人だとしたら、マイナスの感情が自分に向かう時はどうしたらいいですかね？

僕はよく自己嫌悪に陥ることがあって。「あんなこと、言わなければよかったな」とか、「あんなことして、どう思われたかな」とか、いつも後悔してため息をついている気がするな。

佐藤：自己嫌悪ですか。でも、それは必ずしも悪いことではありませんよ。

シマオ：そうですかね。

佐藤：**自己嫌悪というのは、自分を突き放して他者として見ることができているということです。それだから、自己嫌悪は反省のために非常に重要なものなんですよ。**

シマオ：でも、自己嫌悪に陥りがちな人は、自分を責めてしまいがちですよね。これって自己肯定感が下がったりしていいことではないですよね。

佐藤：実は、そういう人たちは、自分を本気では責めていないと思いますよ。むしろ、「責めている自分」が好きなんです。

シマオ：それも一つのナルシストってヤツですか。

佐藤：**自己嫌悪とセットで考えなければいけないのが、自己愛です。**

イエスは「隣人を自分のように愛しなさい」と言っています。この「自分のように」というのが重要で、自分を愛さないと他人を愛することはできない。でも、自己愛は時に暴走します。

シマオ：自己愛が暴走というのは、自分大好きってことでしょうか。

佐藤：というよりは、自分は特別だと思っていると言った方が近いかもしれません。周囲の人は、そういう自分に嫉妬していると考えている。

シマオ：近くにいたら面倒くさいな……。

佐藤：だから孤立してしまう。実はエリート官僚にはそういう人が少なくありません。本谷《もとや》有希子さんの小説『腑抜けども、悲しみの愛を見せろ』に出てくる和合澄

僕はなんて駄目な人間なんだ
と、見せかけて自分を責めてる自分が大～好き!!

伽という人物は、高校の演劇部に入っていますが、自分は将来、大女優になると確信しています。

シマオ：僕も読みました。高校の文化祭で演じた舞台を誰もが白けた目で見ているのに、一向に自信を失わないんですよね。鋼のメンタルってやつです。

佐藤：そんな姉を見て、妹は「現実が姉を呑み込むか、姉が現実を取り込むか」の闘いだと思います。どちらが勝つのか分からない。

シマオ：社会の現実に合わせて自分が壊れるか、頭の中で現実をねじ曲げるか……。究極の選択ですね。

自己嫌悪は歪《ゆが》んだ自己愛に変わる

佐藤：つまり、行きすぎた自己嫌悪というのは、歪んだ自己愛と表裏一体だということです。**自分が特別だからこそ、そのレベルに達していない自分を責めてしまう。そもそも自分の過度の期待をしているから、それができなかった時の落胆が大きいんです。**

シマオ：そして自己嫌悪が反対に自己愛になってしまう……。

佐藤：そうした歪んだ自己愛を喝破したのが、ドイツの哲学者ニーチェです。ニーチェは『道徳の系譜』という著書で、善悪の価値観がどこから来たのかを分析しました。

シマオ：ニーチェの名前は聞いたことがあります。なんでしたっけ……誰かが死んだみたいな……。

佐藤：**「神は死んだ」**ですね。

シマオ：それだ！　でも、なんだかバチ当たりですね。

佐藤：ニーチェが言おうとしたのは、それまでの人間が考えてきたような究極的な価値、すなわち「〇〇のために人生の意味がある」というような「〇〇」に当てはまるものは何もないということです。キリスト教の神がその筆頭だということで、彼は「神は死んだ」と言ったのです。

シマオ：人生に意味なんてないということですか？

佐藤：はい。ニーチェはそれを「ニヒリズム」と呼び、人はニヒリズムに耐える強さを持つ「超人」にならなければいけないと言いました。

シマオ：「超人」!?

佐藤：ニーチェによれば、私たちが当たり前と思っている善悪は、実はキリスト教的な価値観でしかありません。そして、そこでは弱い者こそが善であり、強い者は悪であるとされているのです。

シマオ：確かに政府とか大企業とかを見ていると、強者は弱者を痛めつけているような構図があって、権力側はだいたい「悪」とみなされていますよね。

本当にそうなの!?
弱いことは善
私達は正義
金持ちは悪

佐藤：はい。しかし、だからといって弱いことイコール正しいことなのでしょうか?

シマオ：そういわれると、違う気もしてきます。弱くても悪いことをする人はいますね。

佐藤：ニーチェはそこにキリスト教的な欺《ぎ》瞞《まん》を見出しました。キリスト教が生まれるまでは、貴族のような強者こそが善いものであって、弱者である庶民的なものは悪だったのです。

シマオ：キリスト教が生まれて、それが逆になったと。

佐藤：そうです。弱いものが善いとされる

のは、人間本来の価値観ではなく、キリスト教によって思い込まされたものだと主張したんです。

シマオ：大胆なことを！

佐藤：そんな弱者による強者への嫉妬、すなわち〝ルサンチマン〟がその考え方を逆転させたと、ニーチェは考えます。**弱者は強者にどうやっても勝てないから、その「勝てなさ」こそが善であるとルールを変えてしまえばいい。それを後押ししたのがキリスト教だったというわけです。**

シマオ：嫉妬が「道徳」を生み出して、みんなそれに染まってしまったということですね。

佐藤：まさにそうです！　だからニーチェは、そんな道徳は**「奴隷道徳」**だと言います。私はキリスト教徒ですがニーチェはキリスト教が孕む問題を、浮き彫りにしていると思います。このように**嫉妬によって価値観が歪められてしまうことはあると思います。だからこそ、歪んだ自己愛には注意しなければなりません。**

シマオ：肥大した自己愛は道徳すらも変えてしまう、か。

深淵をのぞく時、
深淵もまた、こちらを
のぞいているものだ

【フリードリヒ・ニーチェ】（1844－1900）

ドイツの哲学者。古典文献学者として頭角を現し、24歳でバーゼル大学の教授となる。病が原因で大学を辞めた後は各地を放浪しながら思索を展開し、アフォリズムや詩のようなスタイルでの哲学的著作（『善悪の彼岸』『ツァラトゥストラはこう言った』『この人を見よ』など）を残した。「永劫回帰」など独自の概念は20世紀の哲学者に大きな影響を与えた。晩年は精神を病んで狂気に至ったとされる。

佐藤：そうした歪んだ感情を拭うためにも、健全な自己愛を持つことが大切です。聖書には**「あなたの隣人をあなた自身のように愛しなさい」**（「マタイによる福音書」22章39節）という言葉があります。これは、すべての他者を自分自身と同じように愛せ、という隣人愛を説くものと解釈されがちですが、中世キリスト教神学者のトマス・アクィナスを研究する東京大学教授の山本芳久さんによれば、トマスは、**「自己愛は隣人愛よりも優先する」**と考えていたそうです。

シマオ：隣人愛よりも自己愛。

佐藤：はい。トマス・アクィナスは著書『神学大全』において次のように述べています。

> ”
> 我々が他者に対して友愛を有するのは、彼らに対して我々自身に対するような態度を取るということにおいてだからである。
>
> （トマス・アクィナス『神学大全』第二部・第二部第二五問題第四項／山本芳久『トマス・アクィナス』（岩波新書）からの孫引き）

人と比べたり、人の不幸を願っていては、永遠に自分を肯定することはできません。**自分を健全に愛することが、あらゆる負の感情から身を守るための手段なんです。**

「隣人愛」より健全な「自己愛」で自分を守る

「どうせ自分なんか……」そんなマイナスの感情に苛まれた時には、どうすればよいのか。世の中には自分より能力が上の人がたくさんいます。私だってできる人に「劣等感」を感じることはあります。そういう時は、同じ土俵で勝負しない。逃げるのではなく、視野を広げて、自分の力を発揮できる領域を見つけるようにしてみてください。

劣等感よりも怖いのは、人をうらやんで蹴落とそうとする「悪い嫉妬心」です。実は、嫉妬には、良い嫉妬と悪い嫉妬がある。「良い嫉妬心」は、熱意ややる気へと変えることができるものです。ですから、嫉妬心がまったくないのも良いことではありません。自分が悪い嫉妬に陥っていないかどうかは、自分ではなかなか分からないものです。信頼できる友人に客観的に指摘してもらうのが良いでしょう。

「自己嫌悪」に陥りやすい人は、実は自分を甘やかしているだけの可能性があることに注意しましょう。過度の自己嫌悪は、歪んだ自己愛と表裏一体です。そうした自己愛は悪い嫉妬へとつながります。健全に自分を愛し、自分の能力を客観視する。そうすることで、あらゆる負の感情から身を守って、前向きな気持ちを確保することができるはずです。

第5章

孤独の哲学

一人は悲しいことか

佐藤さんのアドバイスで「負の感情」を何とかコントロールできるようになった僕だが、新たな悩みがあることに気づいた。こればっかりは一人で解決することはできなそうだ。なんせ、その悩みとは「孤独」だからだ。

新型コロナウイルスの影響で、リモートワークが一般的となり、僕の会社もオンラインでのミーティングが増えた。無意味な会社の飲み会が減ったのはいいとして、友人と気軽に会うこともかつてより大分減ってしまった。

当初は通勤もなくなって良かったと思っていたが、一人で家にいる時間が長くなると、気が詰まることも次第に多くなってくる。

新型コロナが収束すれば、これも元に戻るのだろうか？　とはいえ、この鬱々とした気分が続くのは辛い。僕は、佐藤さんにオンラインで連絡を取ってみた。

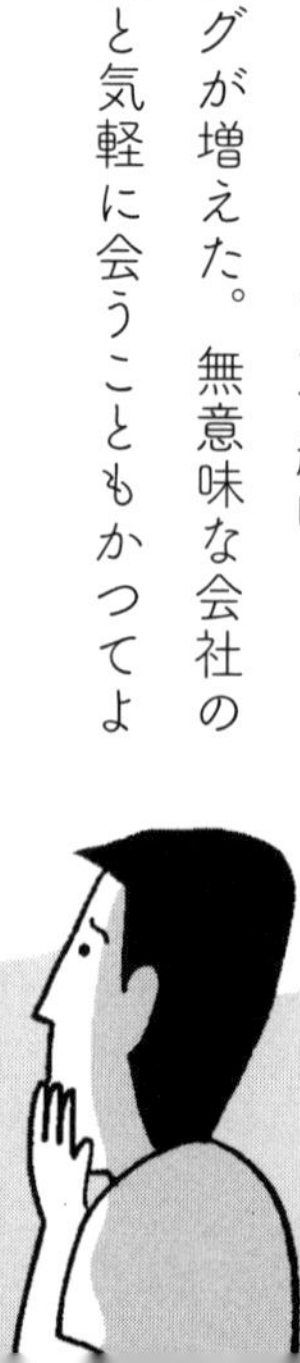

なぜ、人は孤独を感じてしまうのか

シマオ：佐藤さん、お会いするのはずいぶんお久しぶりですね。

佐藤：そうですね。しかし今はオンラインでの打ち合わせも多くなったので、物理的にも時間的にも距離を感じなくなりました。

シマオ：僕も、家で仕事をすることが多くなったり、飲みに行く機会が減ったりで、一人でいることが増えたんですが。やっぱり……寂しいです。僕は結婚もしていないし、パートナーもいないし、「気がついたら誰とも話してない」っていう日も多々あるんです。

佐藤：今、世界中で孤独や孤立は非常に大きな問題になっていますね。特に高齢者の孤独死や引きこもりにつながることもありますから、早急な対策が必要です。

シマオ：僕、どうしたらいいんですかね。

佐藤：猫を飼うのはどうですか？

シマオ：猫ですか……。

佐藤：**猫はいいですよ。猫は裏切らないし、人間と違って恩を忘れません。**私は生まれ変わるなら猫がいいと思っているんですよ。

シマオ：佐藤さんが猫？　僕、真剣に話をしてるんですけど！　佐藤さんも孤独を感じることってあるんですか？

佐藤：そりゃあ、５１２日間独房に入っていたときは文字通り孤独でしたよ。私の場合インドア派ですし、比較的耐性が強いという自負もあります。また本を読んだり、文章を書いたりすることはできたので、そこまでこたえませんでしたがね。

シマオ：すごいなあ……。でも、逮捕されて友人や仕事仲間がたくさん離れていったとおっしゃっていましたよね。それは寂しかったんじゃないですか。

佐藤：まあ、そうですね。とはいえ、本当の友人と呼べる人が3人も残ってくれれば、それで十分なんですよ。身もふたもない言い方になるけど、以前お伝えしたように、社会人になってからは、基本的に役に立つ人としか親しくなんてなれませんから。

シマオ：佐藤さんはいつもはっきりしてますよね。でも……これだけネットも発達した世の中になったのに、なぜ人は孤独を感じてしまうんでしょうか？

佐藤：実際的な観点からいえば、**個人レベルではなく、現在、社会の閉塞感があるということが大きな理由だと思います。**例えば、日本や韓国は自殺率の高い国だと言われるけど、そもそも自殺する人が多くなるのはなぜだと思いますか？

シマオ：やっぱりお金の悩みとかでしょうか。

佐藤：それもあるでしょうが、実は経済的な悩みは表面的なものにすぎません。**その**

実体は「不安」のような心理的な要素が大きいと考えられています。

シマオ：不安……なんだか漠然としていますね。

佐藤：**「漠然とした不安」は、まさに芥川龍之介が自殺を選んだ理由でした。**芥川は友人への手紙に**「将来に対するぼんやりした不安」**と書いています。

この心理的理由と自殺の関係を最初に見つけたのが、チェコスロバキア共和国の初代大統領だったトマーシュ・ガリッグ・マサリクという人物だったんです。

シマオ：ト、トマト、ガーリック、マササラダ？

自殺とは「近代的な現象」である

佐藤：トマーシュ・ガリッグ・マサリクは政治家であるだけでなく、社会学者でもありました。彼のウィーン大学での教授資格取得論文が『現代文明の社会的大量現象としての自殺』（1878／出版は1881）というものです。その中でマサリクは、プロテスタント地域とカトリック地域での自殺率の違いを統計的に調べました。
　さて、どちらが高い自殺率になっていたと思いますか？

シマオ：えっと、確かプロテスタントは、新しく生まれた派閥でしたよね？

佐藤：はい。そもそも宗教改革はまず都市部から起こりましたから、必然的にプロテスタントの住む地域は近代的な都市が中心になります。
　一方、カトリックの人が多く住んでいる地域は、伝統的な村落共同体でした。つまり、プロテスタント地域のほうが経済的には豊かだということです。

シマオ：ならば、自殺率は、というと、カトリック地域のほうが高かった……と見せかけて、プロテスタント地域のほうが高かった！　とか？

佐藤：正解なのですが、それはなぜでしょうか？

シマオ：都会の方が、なんか冷たい感じだからですかね。

佐藤：順を追って考えましょう。当時はやはり貧困が自殺の大きな要因だと考えられていました。しかし、マサリクが調べた結果、**近代化されて、より豊かであるはずのプロテスタント地域のほうが自殺率は高かった訳です。**

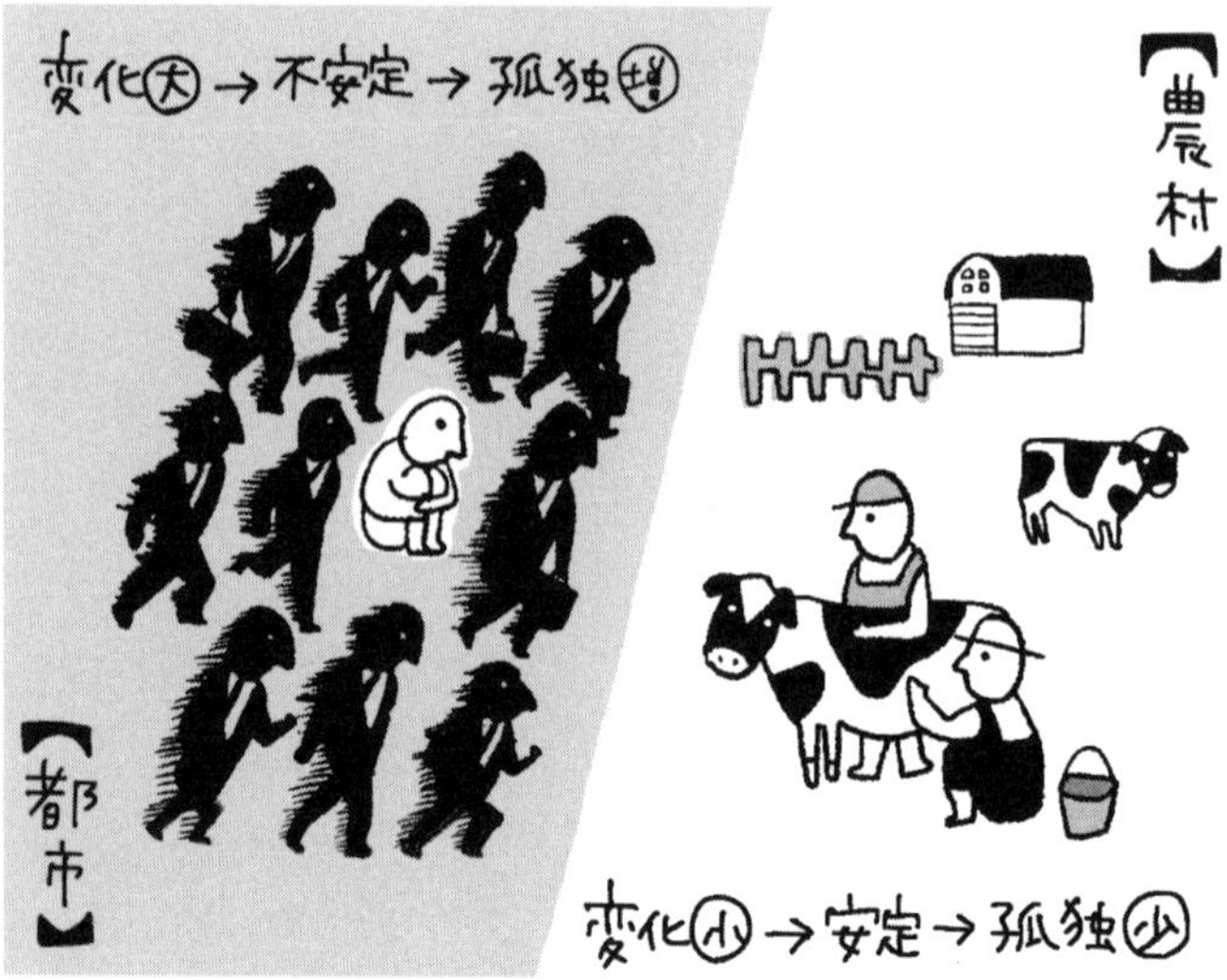

シマオ：となると、自殺の原因は貧困とは別のところにある、と。

佐藤：はい。近代化するということは、社会が大きく変わっていく時代だったということです。すると人々はどう感じるでしょうか。

シマオ：近代化されて全員が平等に豊かになるならいいですけど、現代を見てもそれはありえませんよね。むしろ、急激な変化に追いつけない人が出てきそうです。

佐藤：その通りです。社会が変化するということは、不安定になるということでもあります。その動揺を受ける人たちが、不安を感じて自殺に駆り立てられるのではないか。つまり、自殺とは「近代的な現象」であるという仮説を立てたのが、マサリクでした。このことは後の社会学や心理学で確かめられていきます。

シマオ：カトリックの人たちは、近代化の影響を受けなかったんですか。

佐藤：都市部に比べて農村部は孤独や不安になりにくいんですよ。というのも、農作業は家族や共同体で集まってやるものですし、作物を作っていますから食べ物の調達も何とかなるからです。それに変化のスピードも緩やかですから、同じような暮らしが続くという安心感が持てるのです。

シマオ：なんだか現代でも同じような感じがしますね。

佐藤：このマサリクの見方というのは、現代社会を見るうえでも役に立つと思います。コロナの中でリモートワークをしていると、必然的に一人になりやすい。いわば都市化の極致ともいえる状況ですから、孤独や不安を覚えるのは仕方ありません。

シマオ：僕は通勤しなくていいからラクだなと思っていたんですけど、会社の先輩とかには出社したほうがいいっていう人も結構いました。今考えると、あれだけ嫌いだったルーティン業務が精神安定剤になっていたのかもしれません。つくづく人間ってないものねだりですね。

佐藤：仕事に効率や合理性を追い求めるのは、間違っていません。しかし人間は機械ではない。朝令暮改の政策、先行き不透明な経済状況の中、平常心を貫くことは大変難しいことです。

シマオ：僕だけじゃない、と思って気持ちをしっかり持たないといけませんね。

【トマーシュ・ガリッグ・マサリク】（1850－1937）
チェコの社会学者・哲学者・政治家で、チェコスロバキア共和国の初代大統領。オーストリア・ハンガリー帝国からの独立運動を行い、第一次世界大戦勃発時には国家反逆罪で逮捕されることを避けるために国外へ逃亡。オーストリア・ハンガリー帝国崩壊後に初代チェコスロバキア大統領に選ばれた。

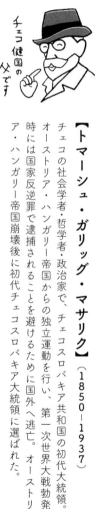

資本主義システムが人を孤独にする

佐藤：他にも、人が孤独になる要因はいろいろあるけれど、大きいのは近代化、つまり資本主義システムによるものが大きいと考えています。

シマオ：なぜでしょうか？

佐藤：資本主義システムというのは、端的にいえば「分業」するものだからです。**経済的な効率性を追求しようとしたら、役割を分担して、個々人がそれに集中することを求められます。すると、自分の仕事や人生の全体像を見ることができなくなってしまうのです。**

シマオ：「分業」ってこの前教えてくれたやつですね。えっと……。

佐藤：イギリスの経済学者、アダム・スミスです。（第1章参照）スミスが、経済成長に必要なのは「分業」であると説いたということは覚えてますね。

シマオ：はい。

佐藤：分業は生産性を向上させるためには、必要不可欠なシステムです。しかし、**全体が見えないと、人は自分が社会のパーツみたいに感じます。**

シマオ：確かに。というか、今の僕も会社でそんな感じです。

佐藤：**そんな「歯車感」が、資本主義システムが生む孤独の正体なんです。**もう一つの理由としては、資本主義の中では、人間の基本的な評価がお金によってなされることがあげられるでしょう。

シマオ：給与の差はどうしても、人間としての差だと感じちゃいます。

佐藤：**人間の評価軸というのはいろいろあるはずなのに、給与の高さやそれを保証する地位などが、あたかもその人のすべてを評価しているかのように見えてしまう。それが孤独を助長させているのです。**

シマオ：モノの価値を測るお金という指標が、会社ではその人間そのものを測る基準になってしまった……。

佐藤：そのことをマルクスは人間が**「疎外」**されていると表現しました。

シマオ：そがい？

佐藤：疎外とは「よそよそしくする」という意味です。この言葉を哲学的に使ったのは、ドイツの哲学者ヘーゲルでした。**人は自己意識を確立するために、本来は自分のものであった精神を、自分の外に出して「よそよそしい」存在にする必要があるとして、自己疎外なんて言い方をします。**

ミネルヴァのふくろうは
夕暮れに飛《と》び立つ

【ゲオルク・ヴィルヘルム・フリードリヒ・ヘーゲル】（1770-1831）
ドイツの哲学者。近代思想を体系化し、哲学の歴史上、最も重要な人物の一人とされる。対立されるものが止揚《しよう》（アウフヘーベン）されるとする弁証法の考え方を確立し、理性が世界を支配して歴史が進んでいくという考え方を提示した。マルクスの思想はヘーゲルに強い影響を受けている。『精神現象学』『法の哲学』『歴史哲学講義』『美学講義』など多方面にわたる著作を遺した。

シマオ：ちょっとまた難しくなってきました……。

佐藤：難しいですよね。とりあえずここでは、本当は自分のものだったはずのものが、なぜか自分のものじゃないみたいによそよそしく感じられることがあることを「疎外」と呼ぶ、といったくらいに捉えておいてください。

マルクスは、この「疎外」という言葉を使って、本来「働くこと」は人間にとって本質的なものであるはずなのに、資本主義社会における賃金労働では、他人のためのもの作りとなってしまい、やりがいの感じられない、よそよそしいものになっていると指摘したんです。

シマオ：僕もそう感じることがあります。僕がやってることなんて、会社の仕事のごく一部だし、仮にいなくなっても別の誰かがやるだけなんだろうな、って。

佐藤：そういう意味では、大企業の方が孤独を感じやすく、中小企業の方が孤独を感じにくいかもしれません。小さな会社であれば、社員がお互いのことをよく知っています。誕生日を祝ったり、子どもが受験で「入り用」であれば社長が多少の融通はしてくれたりするかもしれない。そこまで牧歌的でなくても、顔が見えるというのは安心感を抱くための大切な条件になります。

シマオ：社員全員の顔を知っているくらいの規模が、人を安心させるってことですね。

佐藤：理想像かもしれないけれど、規模の問題は案外重要なことです。もちろん、大企業の方が給与は高いことが多いですし、中小企業の密接な人間関係は重く感じられることもあるかもしれませんから、どちらも一長一短というところです。

収入が高い層も孤独になる

シマオ：孤独というのは、いまや世界的な問題になっているんですね。

佐藤：イギリスでは2018年に孤独担当大臣、日本でも2021年に孤独・孤立対策担当大臣が任命されることになりました。イギリスにおける孤独委員会の報告を見ますと、**孤独というのは1日にたばこ15本を吸うのと同じくらい健康に害を与えるそうです。**人口の13％が孤独を抱え、その経済的損失は4・8兆円になると試算されています。

シマオ：そんなに！　国によって孤独の問題への対応の違いというのはあるんでしょうか。

佐藤：国柄のようなものは出るでしょうね。やはり大きいのは資本主義です。**新自由主義的な価値観が広まることで、中間層以外、つまり上の層と下の層に孤独が広がっているんです。**

シマオ：上と下？　収入が高い層も孤独になるんですか。

佐藤：上の層は仕事に追われることで孤立してしまうことも多いんです。例えば韓国は、日本以上に資本主義システムが急速に浸透した社会だといえます。

シマオ：韓流ドラマを見ていると、韓国の大企業での就職や出世競争はすごく厳しいそうですよね。

佐藤：韓国の企業では、役員になる年齢が平均的に50歳以下と日本より早い一方で、役員在職期間は2、3年というのが多くなっています。つまり、実質的な定年が早いということで、出世したからといって安泰だとはいえません。その後に待っているのは再就職の厳しさとそれに伴う孤独感なんですよ。

シマオ：それなら、資本主義がいちばん進んでいるイメージのアメリカも孤独の問題が深刻そうですね。

佐藤：アメリカの場合は社会全体がそういう資本主義的なシステムなので、収入が高い人はたとえ孤独になっても、人的関係をお金で買える部分があります。ですから、貧困層だけが取り残されている状況です。

シマオ：ロシアとか中国はどうなんでしょう。

佐藤：どちらも国家を信用していない国柄ですから、家族や共同体というものが大事にされます。そういう意味では比較的、孤独という問題は大きくなりにくいように思います。

シマオ：なるほど。そうすると日本は資本主義っていっても、まだアメリカとか韓国よりはマシなのかな……。

佐藤：そうともいえません。**日本の場合は成長の鈍化によって社会全体に余裕がなくなっています。**引きこもりや孤独死はもはや特殊なことではなくなってきていますし、そこに新型コロナの外出自粛が追い打ちをかけている訳です。

「孤独」という言葉の3つの意味

佐藤：それはそうと、これまでシマオ君は「孤独」という言葉を当たり前のように使っていましたが、**そもそも孤独とはどういう状態のことを指してます?**

シマオ：えっ？　それは、一人でいて寂しいとか、辛いとか……。

佐藤：実は、一人でいることは必ずしも「孤独」ではありません。そのことを、哲学者ハンナ・アーレントは次のように説明しています。

佐藤：**アーレントは、「一人でいること」には3つの意味が状態があるとしました。それが、**

「孤独（solitude/Einsamkeit）」

「孤立（isolation/Isolierung）」

「寂しさ・見捨てられている状態（loneliness/Verlassenheit）」です。

シマオ：何だか頭がこんがらがりそうです。

【ハンナ・アーレント】（1906‐1975）

ドイツ出身の哲学者でユダヤ人。ハイデガーとの出会いによって哲学の道へと進む。1941年、ナチス・ドイツによるユダヤ人迫害から逃れるためにアメリカに亡命。全体主義についての考察を次々と発表した。主著に『全体主義の起源』『人間の条件』『エルサレムのアイヒマン――悪の陳腐さについての報告』など。

佐藤：順番に説明していきましょう。

最初の「孤独（solitude）」は必ずしも悪い状態ではありません。一人は一人なのですが、孤独において人は「自分自身と会話する」ことができている状態です。だから、思考するとき、人は必然的に「孤独」になるのです。

シマオ：なるほど。

佐藤：2つ目の「孤立（isolation）」は、人々が共同活動をする機会が奪われている、

政治的な孤立ということです。例えば、中国政府が香港で、民主化政党を解体に追い込むというようなことです。ただし、この孤立は私的生活には及ばず、生産活動においてはむしろ必要なものだとアーレントは言います。

シマオ：ふむふむ。

佐藤：最後の、「見捨てられている状態／寂しさ（loneliness）」ですが、これが完全に一人であって、世界から見離されてしまっていると感じる状態のことを指します。家族、友達、国などコミュニティから断絶され、生きている意味が分からないという状態のことです。

シマオ：僕が「孤独だ」と感じていることも、すべて同じではなく、細分化して考えられるんですね。

佐藤：はい。別に一人でいても、読書をしたり、想像を膨らませたりできるのであれば、それはアーレントの言う「孤独」であって、むしろ人間が新しいものを創造する際には必要不可欠なものなんです。

あるいは、会社で仕事ができているのであれば、多少の疎外感を持ったとし

ても「孤立」の状態にあるだけだと考えることができます。その疎外感は会社の外で満たすことができるかもしれません。

シマオ：「孤独」「孤立」はそこまで気にする必要はないと？

佐藤：「孤独」は自分で思考し、創造できる機会と捉え、「孤立」は他人に拠《よ》り所を求めず、内省することで解決はできます。

シマオ：三番目の「見捨てられている状態／寂しさ（loneliness）」は？

佐藤：この状態はとても厳しいです。本当に恐れるべきは、3つ目の「見捨てられた状態」だけですね。

シマオ：その場合はどうしたら……。

孤独に打ち勝つ必要はない

佐藤：**本当の孤独「見捨てられている状態／寂しさ（loneliness）」から抜け出すためには、まずは「環境」を変えてください。**

シマオ：え？　孤独に打ち勝つ精神力をつける！　とかではないんですね。

佐藤：精神力とは、その人にあらかじめ備わっている精神の強さ、体質のようなものです。訓練だと思って、必要以上に頑張ってしまうと、知らない間に心が壊れてしまいます。自分の耐性を過剰評価することは、むしろ危険です。

シマオ：なるほど。人は生まれながらの体質以上に、心は強くならないってことですかね。

佐藤：ある意味で訓練は可能だけれど、おすすめはしません。孤独な環境に飛び込んで、ひたすら耐えることは相当大変なことです。

シマオ：途中で折れてしまいそうですね……。経営者は孤独だなんていいますけど、仕事でだんだん上の地位になっていくと、やっぱり孤独を感じるものなんでしょうか？

佐藤：その側面はあるけれど、上に立つことで孤独になるのは本当のトップだけですね。それは給料が多いか少ないかということではなく、責任を負っているかどうかということです。その意味で、部長やチームリーダークラスは全然孤独ではないし、日本の大企業の社長の多くは孤独だとはいえないでしょうね。

シマオ：そうなんですか？

佐藤：大企業の社長はみんな「雇われ社長」ですからね。責任を取ると言っても、辞職すればいいだけです。むしろ中小企業の社長の方が、一国一城の主ですから孤独もまた大きいと思います。

シマオ：中小企業の社長は、戦国武将みたいなものですね。

佐藤：負けたら国（＝会社）がつぶれてしまいますから当然、危機感も大きいでしょう。

シマオ：佐藤さんの作家という職業も孤独を感じますか？

佐藤：**作家は本質において孤独です。**ほとんど一人でやるという物理的なこともありますし、作家というのは自称しているだけではダメで、読者に認めてもらわなければなりません。そういう意味では画家や棋士といった職業と同じで、勝負事にまつわる孤独を感じることもあります。これらの職業の人は、上手く孤独を味方につける術を身に付けている人が多いと思いますよ。

シマオ：孤独を味方につける……。その孤独を作品で表現するってことですかね。

佐藤：孤独も表現に変えるなど、自分なりに工夫して昇華することで、乗り越えることはできます。

シマオ：孤独に対しては無理に立ち向かわず、場所を変えたり、表現に変えたりする、か。これからは一人の時間に向き合えるような気がします。

身体性のないSNSでは孤独を癒やせない

シマオ：しかし、今はスマホもあるしSNSなどで簡単に人とつながれるのに、孤独を感じる、なんて変な話ですよね。

佐藤：結局、SNSのつながりというのは幻想にすぎません。つながっていると思っていても、それは本質的なものでないことが分かるから、余計に孤独を感じるのです。実際にSNSでつながっていても、もしシマオ君が何らかのトラブルに巻き込まれた場合、本当に助けてくれるのは何人いると思いますか？

シマオ：実際に電話するとなると、家族以外だと本当に少ないですね。Facebookの友達っていっても、本当に仲良い人がどれだけいるか……。

佐藤：はい。

シマオ：それにTwitterのやり取りとかを見ていても、毎日いろんな人がケンカしていて。もちろんいいことがあると、それがシェアされたりと、優しさの連鎖もあると思いますが、それ以上に負の感情がうごめきあっている気がします。

佐藤：**デジタルな言論空間にいると、身体性が感じられないから勘違いしてしまうんですよ。**

シマオ：身体性？

佐藤：目の前にいる人に暴言を吐けば、下手をしたら殴られてもおかしくないですよね。だから普通はムカついたりしても、それを直接的に口に出すことはほとんどないわけです。でも、SNSになったとたん、多くの人がそれを忘れてしまう。

シマオ：確かに、普段なら言わないような大きなことや過激なことを、SNSだと書いてしまうことがあります。たまに、メールの文面から受ける印象と実際の印象が全然違っていて驚くことってないですか？

佐藤：そういう人には気をつけたほうがいいです。私はメールを読んでおかしいなと思ったら返信もしませんし、付き合うこともありません。

シマオ：さすが……。

佐藤：コロナと同じでゼロにすることは難しいでしょうが、孤独や不安というものは、人間が人間であるための条件だと言うこともできるんです。それを示した二人の哲学者の言葉を紹介しておきましょう。

”

「不安とは人間の根源的な自由が体験するめまいである」

（キルケゴール『不安の概念』）

”

「孤独を愛さない人間は、自由を愛さない人間にほかならない。なぜならば、孤独でいる時のみ、人間は自由なのだから」

（ショーペンハウアー『孤独と人生』）

佐藤：この意味とはつまり、**孤独や不安を覚えるのは、人間が「自由」な存在である限り、仕方のないことなんだということです。**シマオ君が今、孤独だと感じてられるのは、自由である証拠でもあります。

シマオ：自由だから孤独……。

佐藤：はい。人は死ぬまで、孤独、不安に苛まれるものです。ですが、**自由は孤独と引き換えにしか手に入りません。そういう意味では、孤独は希望につながるものでもあります。**だからこそ、自分の耐性をきちんと認識し、孤独や不安とのうまい付き合い方を身に付けてくださいね。

シマオ：はい。自由に生きるために必要だと思えば、孤独の感じ方も変わってくるような気がします。ありがとうございます！

孤独は勝とうと思わず、潔《いさぎよ》く逃げてもよい

現代人が「孤独」を感じてしまうのは、ある意味で仕方のないことです。なぜなら、資本主義社会においては、仕事を含め、すべてのことが分業されているから。私たちは共同体から離れて都市に住み、会社の中で割り当てられた仕事をする。そのために、人生の全体像が見えにくくなってしまっているのです。

自分が誰からも見捨てられたように感じてしまう……。その時は、すぐに今いる環境を変えてみてください。生きる場所、働く場所を変えるだけで、孤独感に変化が起こるでしょう。危険なのは、孤独に打ち勝つことが「強い人間の証し」とばかりに、必要以上に頑張ることです。人にはそれぞれ備わった耐性がありますので、自分を過剰評価せずに、今抱える感情が上向くよう、周りの景色を変えてみることです。

逆に、一人でいても、「自分との対話」の中で新しい創造性が生まれることがあります。それこそが人間を自由にし、自分が自分であることの意味を教えてくれるのです。

SNSなどで他人と表面的に付き合うよりも、自らの孤独と上手く付き合うこと。自分自身とうまくコミュニケーションを取ることが、これからの長い人生においては大切になってくると思います。

おわりに

シマオ思う、ゆえにシマオあり

――ここまで読んでくださった皆さんの中には、今の僕がどうなっているか気にかけてくださる方もいるかもしれない。

結論から言えば、僕は今も同じ会社で働いている。

相変わらず、僕よりできる同僚や後輩はたくさんいるし、輝いている同級生には追い付けそうもない。

でも……、**冒頭で打ち明けたような「先が見えない不安」に苛まれる**

日々からは、解放された。


何が変わったのか、って？

たぶん、それは「考え方」だと思う。

今の僕は、物事を安定して考えられているからか、穏やかな心で、自然と前を向けている。

精神論みたいに聞こえるかもしれないけど、「ポジティブ・シンキングをしなきゃ」といったように無理やりやっているわけじゃない。

佐藤さんが教えてくれたのは、**「無理に頑張らず、前を向くための思考を鍛えていけば、道は確実に開ける」**ということだ。


この社会は厳しいけれど、人を蹴落として勝ち残らなくても幸せに生きることはできる。

そのために必要なのは、小手先のビジネススキルや自己啓発ではなくて、物事の「本質」を知ることだった。

本質を知れば、問題を解決する方法も見えてくる。そのために日常でできることを、佐藤さんは話してくれたのだと思う。

昔は仕事で失敗すると「なんてダメなんだ」と自分を責めるばかりで何もできなかったけど、今は冷静にミスの原因を振り返ることができる。

不得意なことよりも得意なことで挽回すればいいんだと、新たな提案もできるようになった。

とはいえ、お金や人間関係、感情のコントロールから仕事のやりがいまで、まだまだ悩みはつきない。

でも、佐藤さんに話を聞く前は、その不安がどんな形をしているのかさえ分からなかったけれど、今の僕には「敵」がどんな姿をしているかが見えている。

幽霊のように姿が見えなければ倒しようがないけれど、不安の形を知れば、弱点がどこにあるのかも分かる。だから、現実的な対処ができるような気がする。

僕は、くじけそうになると「佐藤さんなら、こんな時どう言うかな？」と考える。答えを聞きに行きたくなる気持ちをぐっとこらえて、少しだけ頑張ってみる。

佐藤さんとの対話は、僕にとって「お守り」みたいなものだ。

この「お守り」を、本を読んでくれたあなたと共有できたら、そして社会の同志として、少しでもいい未来を一緒に作っていけたら、僕は幸せです。

猫野シマオ

本書を通じて私が読者の皆さんに伝えたいことを要約すると、

「頑張りすぎてはいけないが、努力は必要だ。人生に運、不運があっても前向きに生きていれば道は必ず開ける」

という単純な真実です。

この本を読み終えた後、あなたに何かいい変化が起こっていれば嬉しいかぎりです。

本書を上梓するにあたっては（株）マガジンハウスの松田祐子氏にたいへんお世話になりました。どうもありがとうございます。

２０２１年９月13日、曙橋（東京都新宿区）にて、

佐藤優

この本は、ニュースメディア「Business Insider Japan」の有料サービス「Premiun」に連載していた『佐藤優さん、はたらく哲学を教えてください』に大幅な加筆・修正を加えて再編集したものです。

参考文献

堂目卓生『アダム・スミス――「道徳感情論」と「国富論」の世界』、中公新書
ゲオルク・ジンメル『貨幣の哲学』居安正 訳、白水社
エピクテトス『人生談義』國方栄二 訳、岩波文庫
木田元『現象学』、岩波新書
岸見一郎・古賀史健『嫌われる勇気――自己啓発の源流「アドラー」の教え』、ダイヤモンド社
アリストテレス『ニコマコス倫理学』渡辺邦夫・立花幸司 訳、光文社古典新訳文庫
レベッカ・ソルニット『災害ユートピア――なぜそのとき特別な共同体が立ち上がるのか』高月園子 訳、亜紀書房
伊藤邦武『プラグマティズム入門』、ちくま新書
大賀祐樹『希望の思想 プラグマティズム入門』、筑摩選書
今道友信『西洋哲学史』、講談社学術文庫
マックス・ウェーバー『プロテスタンティズムの倫理と資本主義の精神』中山元 訳、日経BPクラシックス
マックス・ウェーバー『仕事としての学問　仕事としての政治』野口雅弘 訳、講談社学術文庫
三木清『人生論ノート』、新潮文庫
スピノザ『エティカ』工藤喜作、斎藤博 訳、中公クラシックス
國分功一郎『はじめてのスピノザ――自由へのエチカ』、講談社現代新書
ウォルフガング・ロッツ『スパイのためのハンドブック』朝河伸英 訳、ハヤカワ文庫
ニーチェ『道徳の系譜』木場深定 訳、岩波文庫
ニーチェ『ツァラトゥストラはこう言った』氷上英廣 訳、岩波文庫
山本芳久『トマス・アクィナス』、岩波新書
鬼界彰夫『ウィトゲンシュタインはこう考えた――哲学的思考の全軌1912~1951』、講談社現代新書
長谷川宏『新しいヘーゲル』、講談社現代新書
ハンナ・アーレント『全体主義の起原』大久保和郎 訳、みすず書房
キェルケゴール『不安の概念』斎藤信治 訳、岩波文庫
ショーペンハウアー『幸福について』鈴木芳子 訳、光文社古典新訳文庫

仕事に悩む君へ
はたらく哲学

2021年10月7日　第1刷発行

著　者	佐藤優
発行者	鉄尾周一
発行所	株式会社マガジンハウス
	〒104-8003　東京都中央区銀座3-13-10
	書籍編集部　☎03-3545-7030
	受注センター　☎049-275-1811
印刷・製本所	凸版印刷株式会社
編集協力	高田秀樹
ブックデザイン	TYPEFACE
イラストレーション	iziz

マガジンハウスのホームページ　https://magazineworld.jp/

ISBN978-4-8387-3169-5 C0030